PRAGMATISM

A NEW NAME FOR SOME OLD WAYS OF THINKING

实用主义

一些旧思想方法的新名称

[美] 威廉·詹姆斯（William James） 著

王怡然 陈 鋆 译

北京理工大学出版社
BEIJING INSTITUTE OF TECHNOLOGY PRESS

图书在版编目（CIP）数据

实用主义 / (美) 威廉·詹姆斯著；王怡然，陈鋈译. —北京：北京理工大学出版社，2019.2（2020.11重印）
ISBN 978-7-5682-3457-3

Ⅰ. ①实… Ⅱ. ①威… ②王… ③陈… Ⅲ. ①实用主义－研究 Ⅳ. ①B087 ②B712.44

中国版本图书馆CIP数据核字（2018）第272130号

出版发行 / 北京理工大学出版社有限责任公司
社　　址 / 北京市海淀区中关村南大街5号
邮　　编 / 100081
电　　话 / （010）68914775（总编室）
（010）82562903（教材售后服务热线）
（010）68948351（其他图书服务热线）
网　　址 / http://www.bitpress.com.cn
经　　销 / 全国各地新华书店
印　　刷 / 三河市金元印装有限公司
开　　本 / 889毫米×1194毫米　1/32
印　　张 / 7.25
字　　数 / 124千字
版　　次 / 2019年2月第1版　2020年11月第2次印刷
定　　价 / 38.00元

责任编辑 / 闫风华
文案编辑 / 李文文
责任校对 / 周瑞红
责任印制 / 施胜娟

序　言

威廉·詹姆斯于1842年1月11日出生于纽约。他的兄弟姐妹包括：亨利——想要成为一名杰出的小说作家，爱丽丝——逝世后以其日记为人所知。此外，他还有两个弟弟。詹姆斯和他的兄弟姐妹们都受到了良好的教育，不仅受教于跨大西洋学校，而且还能够流利地使用法语、德语等。詹姆斯一家人经常穿越大西洋去欧洲度假，这种旅程一直持续到詹姆斯成年时期。最初，这个小男孩醉心于艺术追求，成了位于新港的罗德岛工作室的学徒。随着时间的推移，他对艺术的兴趣逐渐消退。在19岁的时候，他决定进入哈佛大学劳伦斯理学院学习，深入探索科学领域。

詹姆斯在年轻时患有许多疾病。他不仅被诊断为神经衰弱症，还被各种各样的症状所困扰。虽说神经衰弱已经不再是美国精神病协会精神疾病诊断和统计手册中的一个诊断了，但它仍然让人很受折磨，其症状包括：疲劳、抑郁、焦虑、消化系统紊乱和头痛等。詹姆斯年轻时常常遭受折磨，甚至一度想要自杀。这种疾病从美国内战开始便困扰着他，尽管他的两个弟弟当时已入伍参战，詹姆斯也没有把这当作他神经衰弱的原因。

1864年，詹姆斯还在上大学的时候就开始了对医学领域的学习。次年，他休学了一年去参加亚马孙河沿岸探险队。与他同行的路易斯·阿加西（Louis Aggasiz）是一位博物学家。阿加西试图让詹姆斯对自己所研究的领域产生兴趣，而他这趟旅程的最终目的是收集亚马孙河和周边地区的标本，以便自己进一步研究。但这趟旅程对詹姆斯来说，代价是很高昂的，自从在航行中感到与世隔绝的那一刻起，他就陷入了深深的沮丧之中。一方面是因为这是他离开家人最远的一次；另一方面是因为孤独的程度。因此，在开始旅程的八个月内，詹姆斯就退出了队伍回家，并继续他在哈佛大学医学院的学习。

1867年，詹姆斯再次受到神经衰弱的侵扰。而这一次的痛苦折磨终于让他崩溃了，他决定自己尝试和找到治疗这种病症的方法。将想法告诉家人后，他便只身前往欧洲继续进行生理学医学研究。不仅如此，他还去了德国和法国，以及欧洲其他许多地方，直到1868年11月返回美国。

1869年，詹姆斯获得了哈佛大学医学院博士学位。但是他没有去医院工作，一方面是因为他对其他知识有着深切的渴望；另一方面也是由于他的病情加重。在接下来的一年里，他的抑郁程度不断加重，并且再次出现自杀的倾向。然而，在读了一篇查尔斯·勒努维耶写的有关自由的文章之后，詹姆斯的病情竟开始有了好转。虽然他的精神状况有所改善，但身体上的痛苦却没有减轻。1872年，哈佛大学时任校长，他曾经的化学老师邀请他去教授生理学。他接受了这个邀请，开始了他在哈佛大学的教学事业。

第二年詹姆斯开始教授生理学和解剖学，并在70年代中期开始教授心理学课程。1876年，他成了心理学助理教授。很快，他与同为教师的爱丽丝·豪（Alice Howe）相识，并于1878年结婚，两人共育有五个孩子。在詹姆斯结婚的同年，他和亨利·霍尔特（Henry Holt）公司签约出版了一本心理学教科书，这也是第一本让他名声大噪的著作。然而，詹姆斯成为哈佛大学“形而上学俱乐部”的会员又似乎证明着他已经离开了心理学领域转而投向哲学研究。詹姆斯在俱乐部中时，奥利弗·温德尔·霍姆斯（Oliver Wendell Holmes）和查里·桑德斯·皮尔士（Charles Sanders Pierce）是当时俱乐部中的重要人物。其中，查理·皮尔士还是美国“实用主义”（pragmatism）的创始人。詹姆斯开始喜欢哲学领域，尤其是实用主义。所谓实用主义，就是通过成功的实际应用来评估一个理论或信仰背后的真正含义的哲学方法。而“激进经验主义”（radical expiricism）就是从实用主义延伸出来的学说之一，这个学说实际上也是詹姆斯提出的。激进经验主义指出，经验需要通过物质层面以及由该经验导致的结果所产生的意义和价值层面来考虑。这种想法深植于詹姆斯的思想之中，在他的作品中常常出现。

1879年，詹姆斯开始在哈佛大学教授哲学，并且一年内就获得了教授的资格。他在这一领域的第一个贡献是发表于1880年一篇题为“理性的情感”（The Sentiment of Rationality）的文章。其中一个主要观点是，情感是理性的标志。这篇文章意在适用于科学和日常生活。不仅如此，詹姆斯还深入研究了“唯物主义”（materialism）和“理想主义”（idealism）的某些方面。理想主义者提出每个人都与宇宙有某种亲密关系，而唯物主义者则提出宇宙可能是不可预知的荒谬世界，对于这两者之间的关系，詹姆斯产生了浓厚的兴趣。

随着“理性的情感”的发表，詹姆斯在1889年成了一名成熟的心理学家。一年后，他出版了《心理学原理》（*Principles of Psychology*）。书中不仅包含了许多心理学研究领域的首创原理，并且对他用来得到结论的方法进行了详细的阐述。其中，描述身体和心理活动之间联系的几个章节的灵感源于他在哈佛大学所教授的心理学和解剖学课程。这本书对于心理学未来的研究具有深远的影响。事实上，许多现代心理学原理都是基于这些最初的指导产生的，而且依然与当前的研究领域有所关联。之后的心理学研究原理中，只有很少一部分詹姆斯没有预判到，比如行为主义、自尊、生物心理学、临床心理学和自我概念等概念。另外，书中还用了很大的篇幅参考康德（Kant）和休姆（Hume）的思想，从哲学方向对心理进行了讨论。因为哲学和心理学都是解释人类心灵的学科，所以在书中交叉讨论不足为奇。随着心理学在詹姆斯的生命中出现，他自然而然就会对这两个领域进行深入的研究。

本书最主要的论点是由于对感知和感觉的需要而摒弃心理学。这一观点是由一位名叫威廉·冯特（Wilhelm Wundt）的学者所秉持的，甚至在心理学这个领域还没有正式命名之前他就已经开始了对心理学思想的研究。但是，詹姆斯的这本书终结了冯特对心理学这个课题的研究。心理学领域在当时还处于起步阶段，詹姆斯认为许多已经出版公开的心理学思想都是没有根据的，而且心理学没有任何与其他科学领域相当的具体测量途径，因此他从来没有在这一领域做过大量的研究。此外，他还签署了一个《心理学原理》简短删节版，题为《心理学：简明教程》。这本书同样也带给了詹姆斯巨大的成功。之后，他从哈佛大学心理学系辞职，全身心地投入哲学研究中。

1897年，詹姆斯出版了他的第一本关于哲学的书籍——《通俗哲学中的信仰意志与其他随笔》（*The Will to Believe and Other Sanders Peirce*）。这本书是献给实用主义创始人查理·皮尔斯的。书中不仅囊括了之前19年他所写的文章，还包括了非常著名的“理性的情感”。在书中，他提到了科学和信仰两个主要的主题。他说，在科学中，人们可以等待并检验答案；然而在其他领域中，就算没有相关的证据人们也可能被迫形成信仰或接受答案。

在这本书中詹姆斯也解决了道德和宗教上的一些问题，尤其是关于上帝的存在问题。他认为，道德或宗教问题的答案除了信仰之外无法通过任何证据来证明其观念。并且，他还研究了科学和宗教之间的冲突问题，试图找到二者之间的某种和解。詹姆斯主张更高等的动物可能相信其所认为的宗教事件的原因是，思想对感受和行动的干预。他在爱丁堡大学的授课中将实用主义作为研究信仰的一种方式，使得他的这一观点进一步发展。詹姆斯认为研究宗教经验应该优先研究不同的宗教习俗。他甚至还说，心理学家应该在研究心志方面遵循这个观点。他对实用主义浓厚的兴趣使得他在加利福尼亚大学发起了一系列讲座，其中有一个名为“哲学概念和实践结果”（Philosophical Conceptions and Practical Results）的讲座。这个讲座试图使实用主义成为美国的一场重要的智力运动。作为这个讲座的延续，他出版了一本名为《和教师谈心理学，和学生谈人生理想》（*Talks to Teachers on Psychology and to Students on Some of Life's Ideals*）的书。

19世纪末期，詹姆斯的健康状况开始衰退，身体状况越来越差。一部分原因是因为他在哈佛大学任教时工作过度，导致身体状况不断受到损害。1899年他因压力而崩溃。在康复期间，詹姆斯花了很多时间来研究宗教经验，并开展了一系列新的讲座，比如，题为“宗教经验的种类”（The Varieties of Religious Experience）讲座。这些讲座在1901—1902年由苏格兰爱丁堡大学出版。尽管詹姆斯认为他在这项工作中没有进行足够的哲学分析，对它并不满意，但这仍然是他的又一个成功之举。

在詹姆斯职业生涯即将结束的时候，他开始把更多的时间用来写材料和授课，试图发展自己独特的哲学。这些作品被收录到四个印刷卷当中。1906年，他在哈佛大学度过了很长时间，成了加利福尼亚斯坦福大学的客座教授，并偶尔去旧金山、波士顿、哥伦比亚大学等，围绕实用主义进行演讲。这些演讲在1907年被收录在《实用主义》（*Pragmatism*）一书中出版。同年，詹姆斯担心自己无法在离世前完成自己独特的哲学体系，因此从哈佛大学退休。他在英国发表了一些演讲之后，批评家们抨击了他的一些实用主义原则。为了捍卫这些原则，他创作了大量的反驳文章，并命名为《真理的意义》（*The Meaning of Truth*），并于1909年出版。

1910年，他开始创作另一本名为《哲学的几个问题》（*Some Problems of Philosophy*）的书。由于心脏疾病，即使是最小的任务，对他而言，也变得非常困难。在这本书完成之前，他于1910年8月死于糟糕的身体状况和并发症。接下来的十年中，他的许多未出版的资料被收集出版，如《激进经验主义短文》（*Essays in Radical Empiricism*, 1912）、《威廉·詹姆斯的信》（*The Letters of William James*, 1920）和《短文和评论集》（*Collected Essays and Reviews*, 1920）。

多年以来，詹姆斯的作品一直被学术界、心理学家和哲学家研究。从他的诸多心理学和哲学著作中可以看出其实用主义的观点，同时他所著的《心理学原理》一书对心理学领域产生了深远的影响。虽然，詹姆斯的观点有人认为是激进的，从而产生了批判的声音，但他对学术领域作出了重大的贡献，并产生了持久的影响，这是无疑的。

让·阿斯塔
2010年

献　词

为了纪念约翰·斯图亚特·穆勒（John Stuart Mill）。

我从他身上初次学到了实用主义的开放思想。他也是我心目中的领袖。

前　言

下面的讲座于1906年11月、12月在波士顿洛厄尔研究所发表，亦于1907年1月在纽约哥伦比亚大学发表。其内容为打印版，没有延伸或注释。所谓实用主义运动（虽然我不喜欢这个名字，但显然现在更改已经来不及了）似乎是横空出世的。哲学中一直存在一些倾向以及它们所携带的使命往往同时被人们察觉，以不同的角度来理解这些倾向又会产生许多不协调的言论。这种现象在很多国家都发生过。这种情况不断地出现在我面前，因此，我曾试图去化解这些矛盾，从广义的角度解决问题，避免微小的争论。我相信，如果批评家们愿意等到所有的信息都披露出来，那么将可以避免许多毫无意义的争论。

如果我的演讲激发了任何受众对这一课题的兴趣，他无疑想要进行更加深入的了解，那么我将介绍下列参考资料给他。

在美国，约翰·杜威（John Dewey）的《逻辑理论的研究》

（*Studies in Logical Theory*）是基础。还可以阅读杜威的《哲学评论》第五卷中第113页和第465页，第十五卷中第293页以及《哲学杂志》（*Journal of Philosophy*）第四卷中第197页。

也许最好是以F.C.S.席勒（F.C.X.Schiller）的《人文主义研究》（*Studies in Humanism*）一书开始，尤其是书中编号为Ⅰ，Ⅴ，Ⅵ，Ⅶ，XⅧ 和XIX的文章。总体而言，有关这一主题，他前期的文章和议论文都在脚注中被充分提及。

此外，还可以参阅G.米约（G.Milhaud）1898年出版的《理性》（*le Rationnel*），勒·罗伊（Le Roy）的《形而上学评论》（*Revue de Métaphysique*）中第7、第8、第9卷里的精美文章，还有布伦德尔（Blondel）和德萨利（de Sailly）发表于《哲学年鉴》（*Philosophie Chrétienne*）中第2、第3卷的文章。另外，帕佩尼（Papini）关于实用主义的法文著作也即将出版。

最后，为了避免误会的产生，我需要说明我所理解的实用主义和我最近提出的"激进经验主义"理论之间没有逻辑联系，后者是站在我自己的立场上提出的。完全拒绝这个理论的人也仍然可能是一个实用主义者。

威廉·詹姆斯

哈佛大学

1907年4月

目　录

第一讲
当代哲学的困境

哲学是人类追求中最崇高也最平凡的一种。它从最微小的裂缝中打开了最广阔的前景。正如人们所说的，它不提供营养，但却能够以勇气鼓舞我们的灵魂。

切斯特顿先生（Mr. Chesterton）在他那令人称赞的文集《异教徒》（*Heretics*）的序言中写道："一些人认为对一个人来讲最实用和最重要的事情仍然是他对宇宙的看法，我也是其中之一。我们认为房东选择房客时，了解房客的收入情况是非常重要的，但是了解其人生观却更加重要；我们一般认为在战场上，了解敌人的数量是非常重要的，但是了解敌人的作战方法却更重要；我们认为问题不在于宇宙理论是否影响着事物，而在于从长远来看是否还有其他因素影响着它们。"

在这件事上，我和切斯特顿先生的想法是相同的。女士们，先生们，我知道你们在座的所有人都有自己的人生观，而且关于你们自己，最有趣也是最重要的事情是，你们的人生观以怎样的方式决定着你们的世界观。在这一点上，我和你们一样。然而，我坦率地承认，我对我即将开始的演讲无所畏惧。因为对我们每个人而言都无比重要的人生观并不是一个专业问题，而是我们对生活的真实和深刻意义或多或少的愚昧认知。它是我们每个人观察和感受宇宙整体驱动力和压力的方法，其中只有一部分能够从书本中获取。我没有权利认为你们中的许多人都是来这个大教室听宇宙概念的学生，但我站在这里，是希望激发你们对哲学的兴趣，这在很大程度上是需要专业性的。我希望以我深信不疑的当代趋势来传达我对你们的支持，然而，你们并不是学生，但我必须以教授的口吻和你们讲话。任何一个教授所相信的宇宙，无论如何表达都一定是长篇大论。如果对宇宙的定义用两句话就能说明白，那么这个教授的智力就无用武之地。人们对于简单廉价的说法，是不会相信的！我曾听到朋友和同事试图在这个大厅里推广哲学，但他们的演说很快就变得枯燥无味。用语非常专业，其结果只能起到部分鼓舞的效果。因此，我的愿望是非常大胆的。实用主义创始人本人近期在洛厄尔研究所开展了一次讲座，他的标题中写道：灿烂的光芒驱散黑暗！我想，我们中没有人能够理解他所说的全部，但今天我站在这里，做着一个跟他非常相似的冒险。

我之所以冒这个险，是因为我曾经的那些演讲吸引了许多观众。不得不承认，在听到非常深奥的东西时，即使我们和争论者都不理解，也会产生一种独特的魅力。我们受到那些疑问的刺激，感受到了深不可见的浩瀚。让我们对关于自由意志或上帝的无所不知，又或是善与恶的讨论从一个吸烟室中发生的事情开始，看看这个地方的每个人是如何竖起耳朵聆听的。哲学的结果对我们所有人来说都是最重要的，哲学上最奇怪的论点能令我们对自己机敏的感觉和机智感到满足。

我虔诚地相信哲学，并且相信一种新的萌芽正在感召哲学家们。我受到了这种感召，自会尽我所能地将一些新的情况传递给大家。

哲学是人类追求中最崇高也最平凡的一种。它从最微小的裂缝中打开了最广阔的前景。正如人们所说的，它不提供营养，但却能够以勇气鼓舞我们的灵魂。它令人反感的行为、怀疑和挑战，诡辩和辩证常常是针对普通人的，我们中没有任何人能够在离开它的情况下，通过世界观所传递的光芒相聚。至少这种光芒，以及伴随着它们的黑暗的、神秘的对比效应激发了我们的兴趣，而这种兴趣远比专业性重要。

哲学史在很大程度上是人类性情的某种冲突。虽然对我一些同事来说，以兴趣对待哲学是不庄重的，但我还将考虑这种冲突，并且通过它来解释许多哲学家的分歧。一个专业的哲学家，无论性情如何，在研究哲学问题时都会尽量隐藏自己的真实性情。性情从来都不是一个公认的理由，因此，一个专业的哲学家渴望找到支持自己结论的客观原因。然而，性情对他的影响比其他任何被他严格限制的客观因素都要深。性情通过某种方式为他提供证据，证明他对于世界的某个更加情绪化或更少掺杂个人情绪的观点或看法，就像用某个事实或某个原理去证明一样。他相信自己的性情。他也相信世界上任何与其性情相投的表象，让世界适合他的性情。在哲学领域中，与他性情相反的人即使拥有比他更出色的辩证能力，他也会认为这些人与世界的性情不和，并且打心眼里认为他们没用，而且没有理解这个世界。

然而，在论坛中他无法基于自己的性情去挑战任何权威，或在拥有敏锐洞察力的人面前发表言论。因此，在我们的哲学讨论中就出现了某种不真诚：所有我们前提中最根本的东西从未被提及过。我确信，在今后的讲座中如果我们打破常规，提到这些最根本的东西，那么将有助于我们的理解。而且，我很乐意这么做。

当然，我在这里讨论的是那些极具个性、极端激进，并且在哲学研究史上留下自己独特烙印的人。柏拉图（Plato）、洛克（Locke）、黑格尔（Hegel）、斯宾塞（Spencer）都是这样的性情思想家。诚然，我们中的绝大部分人都没有非常绝对的善思性情。我们只是与之相反的成分的混合物，而且每一种成分都平淡无奇。我们几乎不知道自己在抽象事物中的偏好。因此，我们中的一些人很容易被说服，最终追随潮流或被给自己留下深刻印象的哲学家同化。但是，在哲学中迄今为止仍然延续的一点，那就是：一个人应该以自己独特的方式直接地去看待事物，并且对与之相反的看待方式感到不满。我们没有理由认为这种强大的性情视角是从现在开始产生而不曾出现在过去人们的思考之中。

我头脑中想到的、用来做出这些评论性情的特有差异，同样存在于文学、艺术、统治、礼仪领域中，就如同它存在于哲学当中一样。在文学上，有纯粹主义者、学术派和现实主义者；在艺术上，有古典主义和浪漫主义；在统治上，有权力主义者和无政府主义者；在礼仪上，有形式主义者和自由放任者。我们对这些反差都很熟悉，同样，在哲学上也有一对非常相似的对立术语，即“理性主义”（rationalism）和“经验主义”（empiricism）。前者是指对事实的所有天然变体的热爱；后者则是指致力于抽象事物和永恒的原则。离开了事实和原则，没有人能够存活，因此这两种主义不是对差异的强调而是两种不同的倾向。但是这两种主义导致了那些强调差异的人之间最尖锐的抵触。我们会发现用他们讨论宇宙的方式，即通过理性主义性情和经验主义性情来表达某种反差是极其方便的。这些术语使得反差变得简单而巨大。

比术语更加简单而巨大的反差往往是被这些术语所预言的人，因为每一种排列组合在人性中都是可能的。如果我现在给理性主义和经验主义加入限定性特征，然后再以我的理解来定义它们，那么我恳求你们将这种行为看作某种程度上的独断行为。我选择的组合类型在本性中非常常见，但这些组合类型绝不是一致的，而且我选择这些组合类型只是因为它们能够为我描述实用主义这个目的提供便利。在历史上，我们发现“理智主义”（intellectualism）和“煽情主义”（sensationalism）是作为理性主义和经验主义的同义词来使用的。而本性似乎与理智主义这种理想主义和乐观主义倾向的结合最频繁。另外，经验主义者并非罕见的唯物主义者。他们的乐观主义倾向于确实无疑的条件和敏感。理性主义总是“一元论的”（monistic）。它从整体和共性开始，使事物的统一性变得更为重要。经验主义从部分开始，使整体作为一个融洽的集合，因此称为“多元论的”（pluralistic）。理性主义通常认为自己比经验主义更具宗教性。但这一说法还有很多需要讨论的地方。当理性主义者被称为自由意志者，而经验主义者为自己头脑冷静而自豪时，这种说法是正确的。在这种情况下，理性主义者通常会热衷于自由意志，而经验主义者则会变成宿命论者（这是我现在最常用的术语）。最终，理性主义者会在他的信念中带有教条性情，而经验主义者可能更具怀疑态度并且更愿意进行讨论。

我将把这两种特征分为两列罗列。我想，如果我分别用“灵活的思想”和“刻板的思想”为列标题，那么你会真正认识到这两种类型的心理构成。

灵活的思想	刻板的思想
理性主义的（遵循“原则”）	经验主义的（遵循“事实”）
理智主义的	煽情主义的
唯心主义的	唯物主义的
乐观的	悲观的
有宗教信仰的	无宗教信仰的
自由意志论的	宿命论的
一元论的教条主义的（dogmatical）	多元论的
武断论的	怀疑论的

暂且将我所写下的两种混合物各自是否都有内在连贯和自我

一致的这个问题放下——我很快会对这个问题做出解释。它足够证明我们的目的，正如我所写下来的一样，那些有着“灵活的思想”和“刻板的思想”的人确实存在。你们每个人可能都知道每种类型的一些很好的例子，而且你们知道某个例子中哪种类型的人是怎样看待这个例子的。他们对彼此的评价都不好。无论何时他们作为个体的性情都是非常激烈的，因此他们的对抗成了当时哲学氛围的一部分。直到今天这种对抗依然是哲学氛围的一部分。刻板思想者认为灵活思想是煽情主义和没有主见的，而灵活思想者则认为刻板思想是不精练的、生硬的、不讲理的。他们之间的这种认知与波士顿游客混杂在克里普尔克里克（Cripple Creek）人群时的认知非常相似。彼此都认为其他人不如自己，在这种情况下轻蔑带有娱乐成分，但在其他情况下轻蔑却令人感到恐惧。

正如我坚持的那样，在哲学上，我们中有少数人是纯粹而简单的“波士顿拓荒者”，也有少数人是典型的“落基山脉刻板者”。但我们中的绝大多数人都渴望吸收两者的精华。认为事实好，当然就会摆出大量的事实；认为原则好，就会摆出足够的原则。如果你只用一种方式去看待世界，那么世界就是不容置疑的；如果你用另一种方式去看待世界，那么世界又确实是多种多样的；如果我们采用一种多元化的一元论去看待世界，那么世界既是单一的又是多样的。当然，一切都是必然的，而我们的思想是自由的。一种自由意志的决定论，才是真正的哲学。邪恶的部分是不可否认的，但整体不可能是邪恶的，所以实际的悲观主义可能与形而上的乐观主义相结合。普通的哲学门外汉绝不是激进的，他从来不会一直顺着他自己的方法生活，而是生活在一个又一个看似合理的空间中去适应某种学说的不断诱导。

但我们中的一些人又不仅仅是哲学门外汉。我们是名副其实的业余人员，而且我们的心中有太多的矛盾和犹疑。一旦我们把对立双方中不相容的东西混合起来，我们就无法保持良好的理智。

现在，我讲到了第一个极其重要的问题，我希望不再有像今天一样多的存在坚决经验主义倾向的人。一些人可能会说，我们孩子的出生几乎是科学的。但是我们对事实的尊重并没有中和掉我们所有的宗教信仰。我们的科学性情就是虔诚的，这本身几乎就是宗教。以这种类型的人为例，假设他是一个哲学业余爱好者，不愿意把霍吉–波奇体系（hodge–podge system）与普通外行的潮流相混合，那么在上帝的保佑下他找到的自己的处境是什么呢？他想要事实，想要科学，但他也想要宗教信仰。那么他作为一个业余爱好者而非一个独立的哲学发起者，自然而然地就会去寻找身处这个领域的专家和专业人员的指导。现场的很多人，可能是绝大部分人，都是这样的业余爱好者。

那么，你找到了什么样的哲学来满足你的需求呢？你会发现经验主义哲学不够虔诚的，而有宗教信仰的哲学对你的目的来说又不够有经验。如果你去看充分考虑事实之后的那四分之一象限，就会发现整个刻板思想的程序正在运作，而且科学和宗教信仰之间的冲突也在全面展开。无论是如落基山脉一样刻板的海克尔（Haeckel）和他的唯物主义一元论、他的科学教父以及他将你的上帝戏称为“气态脊椎动物”，还是像斯宾塞一样把世界历史当作物质和运动的重新分配，并礼貌地在宗教大门前鞠躬——他都可能确实存在，但绝不会现身。

一百五十年过去了，科学的进步似乎意味着物质世界的扩大和人类重要性的衰弱。其结果是人们所说的“自然主义”（naturalism）或“实证主义”（positivism）的发展。人类不是自然法则的赋予者，而是接受者。自然是坚定不移的，而人类必须将自己容纳进去。人类要去记录事实并服从事实，尽管这是不人道的。自发性和勇气都已经不复存在，所见尽是唯物主义的和令人沮丧的景象。理想作为生理惰性的副作用产生，更高级的事物以低级的事物来解释，并永远被当作“只不过是……”来对待（只不过是一种更低级的类别）。简而言之，你得到了一个唯物论的世界，而只有刻板思想的人才觉得这个世界与之相投。

可是，如果你现在转向宗教那一象限寻求慰藉，并接受灵活思想哲学的忠告，你会发现什么呢？

在这个时代以及我们这一代人中，宗教哲学有两种主要的类型：一种是更加激进、更具侵略性的；另一种则是更具战斗力的。更具侵略性的宗教哲学是指盎格鲁-撒克逊学派所谓的超自然唯心主义，格林（Green）、凯尔斯（Cairds）、博桑奎特（Bosanquet）和罗伊斯（Royce）等人的哲学思想就属这一类别。这种哲学对新教徒中的好学成员产生了非常重要的影响。毫无疑问，这种哲学是泛神论的，它已经在新教中弱化了传统有神论的界限。

但是有神论仍然存在。它是在天主教堂神学院严格教授的教条主义有神论经过妥协后的直系延续。长久以来，它一直被称为苏格兰学派的哲学，也就是我所说的更具战斗力的哲学。在黑格尔派哲学家和其他哲学家的“绝对”侵扰，以及科学进化论者和不可知论者的夹击之间，詹姆斯·马汀诺（James Martineau）、鲍恩教授（Professor Bowne）以及拉德教授（Professor Ladd）

等人提出了这种哲学思想。这种哲学在性情上并不激进，就像你们一样公正。它是折中的，是一个寻求高于一切的折中方案的妥协产物。它接受达尔文主义的事实以及大脑生理学的事实，但并没有与它们碰撞出任何积极热情的火花。它缺乏渴望胜利的侵略性的音符。虽然其结果缺乏权威性，但其激进风格却使“专制主义”（absolutism）具有一定的威信。

如果你倾向于灵活思想派，那么你只能从这两种哲学体系中进行选择。如果你们像我认为的那样是事实爱好者，那么你们已经拨云见日，发现了理智主义中理性主义的踪迹。你们确实逃脱了由经验主义所支配的唯物主义，但代价是失去了与生活的有形部分之间的联系。思想更加专制的哲学家会置身于极其抽象的层面，甚至从来不曾考虑其他想法。他们带给我们的这种专制思想通过思考创造出宇宙，但也许与其所展示出来的恰恰相反，这种思想让所有的一切都变成了相同的事物。我们无法从其概念中推断出任何一个实际的具体形式。它能与任何形式的事物相协调，无论这其中的事实怎样。有神论中的神几乎是一个万能法则。我们必须进入他创造的那个世界中去了解他真实性情的任何蛛丝马迹——他就是这样一个一劳永逸地创造了这种世界的上帝。有神论哲学家的上帝生活在绝对抽象的高度，专制主义亦是。或许，专制主义更加激烈，而寻常的有神论则更加乏味，但两者同样是遥远而空虚的。我们想要的是一种不仅能锻炼抽象思维能力，而且还能够与现实世界中的人类生活产生某种积极联系的哲学。

我们渴望一个能将两者结合起来的体系，即能够科学地忠实于事实并乐于在思考时考虑到这些事实。简单来说，无论是宗教的哲学类型还是事实的哲学类型，都不仅需要适应和包容的精神，还需要人类价值中固有的自信心和由此产生的自发性。这就是我们的两难困境，而且它们是无法相分离的。你会在“人文主义”（humanism）和“非宗教主义”（irreligion）中发现经验主义，或是发现一种确实可以称为宗教的理性主义哲学，但它却不包含任何具体的事实或情感。

我不确定你们中有多少人对哲学的研究足以完全明白我最后所说的这些申斥，所以我将再花一点时间来讨论所有理性主义体系中的这种不现实。而这种不现实也是所有事实的忠实信徒很容易感到厌恶的。

一两年前，在一个学生交给我的论文的前几页，它很清楚地说明了我的观点，可惜没有保存下来，现在无法读给你们听，我感到抱歉。这个毕业于某个西方大学的年轻人说，他曾经一直理所当然地认为在进入一个哲学课堂时必须要进入一个自己与世界之间的关系，这个世界完全不同于你走在街上路过的那个世界。他说，这两个世界之间几乎没什么关系，以至于你可能无法让它们同时占据你的思想。街道所属的具体个人经历的世界是越过无数想象、混乱、痛苦和困惑的世界。哲学课教授带你走进你的世界是简单而高贵的，现实生活的矛盾在这里是不存在的。经典的理性原则描绘出它的骨架，逻辑必要性铸成了它的肉体。它表达最多的是纯洁和尊严。它就是一座在山上闪闪发光的殿堂。

事实上，它远远不足以表达这个现实世界，只是一个建立在现实世界之上的明确补充，是一个没有事实存在的理性主义幻想的哥特式避难所。也许在此，理性主义幻想能够躲避那些难以忍受的困惑。它不是对有形世界的解释，而是另一个世界的总和，是有形世界的替代物，是一种补救，也是一种逃避的方式。

如果我可以在这里用“性情”这个词，那么它的性情与有形生活的性情完全不同。“精化”（refinement）是理智主义哲学的特征。它很好地满足了人们思想中对一个精致想象对象的强烈渴望。但我要非常严肃地要求你们去看一看这个有形事实构成的浩瀚世界的各个角落，看一看它们可怕的困惑，看一看它们带来的惊喜和残忍，看一看它们所展示出来的野蛮，然后再说“精化”是否是你们描述它的一个不可避免的形容词。

精化在事物中确实占有一席之地。但是一种除了精化之外再无其他的哲学是永远无法满足经验主义思想的性情的。它看起来更像是人工造物的纪念碑。因此，我们发现相信科学的人们愿意背弃形而上学，就好像躲避幽灵一样地完全隐居，而相信实践的人们则脱离了哲学对他们的束缚，追随野性的呼唤。

有些令人感到恐惧的是，一个纯粹而不真实的体系会满足理性主义思想。莱布尼兹（Leibnitz）是一个理性主义者，他对事实的兴趣比大多数理性主义者要多得多。然而，如果你期望的是肤浅的化身，那么你只需要去阅读他的那本《上帝之书》（*Théodicée*）。他在这本书中试图为上帝对待人类的方式进行辩护，并证明这个我们所生活的世界是可能的最好的世界。我将引用一个片段来解释我的意思。

在乐观主义哲学的其他阻碍下，莱布尼兹陷入了考虑永恒诅咒的数量当中。他假设这对于人类而言比那些被拯救的人更重要为前提，然后以这种方式继续论辩。即便如此，他说：

“如果我们曾经考虑过天国真正的重要性，那么邪恶与善良相比就算不得什么。科雷留斯·塞坎达斯·库里奥（Coelius Secundus Curio）曾经写过一本书——《论天国的广阔》（*De Amplitudine Regni Coelestis*），这本书在不久前得以重印。但是在这本书中他未能给出天国的范围。古人对上帝的工作鲜有微词……即使我们对澳大拉西亚的想法让他们暂时停下，但在他们看来似乎只有我们生存的土地上有居民存在。宇宙中的其他星球对他们而言不过是闪闪发光的水晶球。但是今天，无论我们承认或拒绝宇宙的范围是什么，我们都必须承认在宇宙中有无数个星球，它们和地球一样大，甚至比地球还大，它们有着和地球一样合理的居民存在的权利，尽管这些居民不一定是人类。地球只是太阳系中六颗主要行星之一（注：2006年国际天文学联合会确认太阳系有八大行星）。所有固定的星球都是恒星，由此可见，地球所占据的空间在可见事物中有多么的小，因为地球只是宇宙中的一个行星。如今所有的这些恒星都可能有快乐的生物居住着，而且没有任何东西强迫我们去相信那些被诅咒的人的数量是巨大的，因为从邪恶中得到好处的实例太少了。此外，既然没有理由认为到处都是星球，那么星球之外的区域难道不会有更广阔的空间吗？这个巨大的空间则包裹着这个区域……可能充满着幸福和荣光……现在又该思考地球及其居民的什么问题呢？鉴于地球与固定恒星的距离相比只是一个点，那么它是否会逐渐变得和一个物理上的点一样小呢？因此，我们了解的宇宙与我们未知的宇宙相比，几乎湮没在虚无之中。但是，我们却不得不承认，我们所知道的一切邪恶几乎都存在于这虚无当中。因此，与宇宙包含的万物相比，邪恶几乎什么都不是。”

莱布尼茨也在其他地方发表过类似的论述。比如，“有一种正义既不是改正罪行，也不是为他人做出示范，更不是为伤害做出赔偿。这种正义是建立在纯粹的适应之上的，它在对邪恶行为的赎罪中找到了某种满足感。索齐尼派教徒和霍布斯都反对这种惩罚性的正义，它可能是报复性的正义，是上帝在许多关头为自己保留的正义……它总是建立在事物的适合性之上，而且不仅是满足被冒犯的一方，还满足了所有聪明的旁观者，甚至就像一段美妙的音乐和一幢美好的建筑满足了一个完美的想法一样。因此，诅咒的折磨继续进行着，即使它们不再救赎任何人远离罪恶；祝福的奖励也在继续，即使它们不再保证任何人的顺利。诅咒总是通过其不断的罪恶而招来新的惩罚，而祝福总是通过其不断的善行带来新的快乐。这都是建立在适应原则上的事实……因为上帝已经让所有的事物处于完美的和谐之中，就像我所说的那样。”

莱布尼茨对现实的无力把握表现得太明显了，甚至不需要我作出评论。很显然，他从来没有考虑过一个可恶灵魂的真实经历，也没有想过上帝作为对永恒的适应的慰藉而给予“迷失的灵魂”的实例数量愈少，不公平祝福的荣光就愈多。他给予我们的只是冰冷的文字游戏，甚至连地狱之火也无法让其令人快乐的实质变得温暖。

何况，想要展示理性主义哲学的肤浅并非必须回到一个肤浅的时代。当代理性主义的乐观主义听起来与信奉事实的思想一样肤浅。现实世界是开放的，但理性主义创造了制度体系，而制度体系必须是封闭的。对于现实生活中的人来说，完美是遥不可及的，并且仍然在追求实现的过程当中。这对于理性主义来说不过是有限物和相关物：事物的绝对基础是完美的最终实现。

我在一位勇敢的无政府主义者莫里森·I.斯威夫特（Morrison I. Swift）的一个出版物中发现了一个反驳当前宗教哲学的虚幻和肤浅的好例子。斯威夫特先生的无政府主义比我的更加深入，但我承认我支持他。而且我知道在场的一些人也会发自内心地支持他对时下流行的理想乐观主义的不满。他的这本书从人类的屈服开始谈起，讲述了一系列报纸上的城市记者的报道（自杀、饥饿至死等）作为我们文明制度的样本。例如：

“约翰·科科伦（John Corcoran）是一个职员，他为了保住希望渺茫的工作在大雪中从城市的一头艰难地跋涉到另一头。因为交不起房租，他和妻子以及六个孩子在饥饿中被迫离开了家去了上东区的经济型公寓，而今天他以喝下苯酚的方式结束了自己的生命。科科伦在三周前因病失去了工作，在此期间他花光了仅有的积蓄。昨天，他和一帮城市铲雪工一起工作，但因为生病他还十分虚弱，所以一个小时后他被开除了。他不得不重新开始令他厌烦的寻找工作的任务。科科伦极其沮丧，昨晚很晚才回到家里，却发现妻子和孩子饥肠辘辘，门上还贴着驱逐通知。第二天早晨，他喝下了毒药。”

我看过很多此类案件的记录（斯威夫特先生继续写道）。“他们自杀的方法可能足够写成一本百科全书。一位作家在最近一次英语评论中说：‘我们知道他的世界中上帝的存在。’罗伊斯教授写道：暂时秩序的病态是永恒秩序完善的条件（《世界和个人》，385）。F.H.布拉德利（F.H.Bradley）说：专制是对所有冲突以及它所囊括的所有多样性中最丰富的（《表面和现实》，204）。他的意思是这些亡者让宇宙变得更加丰富，而这就是哲学。尽管罗伊斯教授和布拉德利教授以及一群奸诈的、缺乏道义的思想家揭开了现实和专制的面纱并解释邪恶和痛苦，但这是宇宙中任何地方已知的生命存在的条件和一个成熟的宇宙意识。这些人所经历的是现实。它给我们带来了宇宙的一个专制阶段。正是这些个人经验使得在所有知识领域中最有资格的人获得了经验，然后再将它传达给我们。现在，考虑一下将这些人的经验与我们直接的个人感受相比较，就像他们的感受那样，如何？哲学家们都在与阴影作斗争，而那些经历过和感受过的人知道真相。人类的思想——不是哲学家和专制阶级的思想，而是大量默默的思考和感受——正在接近这个观点。他们正在向曾经允许宗教信徒学习判断他们一样判断宇宙……

一个克利夫兰的工人，杀死了他的孩子之后自杀（另一个被引用的案例）。这是这个现代世界和这个宇宙中惊人的事实之一。它不能被所有关于上帝、爱和生命的论述掩盖或弱化，无助地存在于无视他人的巨大空间之中。这是神圣时机出现很多年后以及救世主出现两千年后，这个世界的生命中简单的不可还原的元素之一。它在道德世界中像原子或亚原子在物质的基础中一样，不可摧毁。它对人类的影响是……在这些事件中没有看到的所有哲学骗局都是意识经验的完美因素。这些事实毋庸置疑地证明了宗教的无效。人类不会给宗教更多的两千个世纪或二十个世纪去浪费时间：宗教的时间到了，缓刑期也结束了。是它自己的记录将它终结的。人类没有后代或来世去尝试无效的制度体系……”

这就是经验主义者对理性主义遭遇的反应。绝对是“不，谢谢你”。斯威夫特先生说：“宗教就像是一个梦游的人，对这个人来说现实的东西都是空无的。”感觉上可能没有那么紧张，这就是如今那些询问哲学教授以满足自己本性的、需求的、所有严肃的、追根究底的哲学业余爱好者的见解。经验主义哲学家给他唯物主义，理性主义哲学家给他宗教信仰，但对这种宗教来说“实际事物都是空无的”。因此，他成了哲学家的评判者。无论是灵活的思想还是刻板的思想，他发现我们都需要。我们中没有人能够轻蔑地对待他的判决，毕竟他是典型的完美思想的代表。这种思想是所有要求的最大总和，这种思想的批评和不满从长远来看是致命的。

我的解决方案正是在这一点上出现的。我将名称奇怪的实用主义作为一种能够满足二者要求的哲学。它既可以像理性主义一样保持宗教性，也可以像经验主义一样，保留与事实最亲密的关系。我希望我能够让在座的许多人对我有一个良好的看法。然而，现在演讲接近尾声，我就不再介绍实用主义了。我将从下一次演讲开始讲述。我更希望你们现在对我说过的话稍作回应。

如果在座的任何一位是专业的哲学家，我知道你们当中有一些人的确是哲学家，你们肯定会觉得我到目前为止的论述是很粗糙的，而且到了令人难以执行的程度。“灵活的思想”和“刻板的思想”，多么粗糙的分类啊！普遍而言，当哲学都是由精巧的智慧、敏锐和谨慎组成的时候，当每一种可能的组合和转变都囊括在其内部的时候，残忍的画面和高级事物变低级的衰减可能所表达出的内容是，在敌对双方性情之间它作为一种粗鲁而慌乱的战斗去代表其冲突的领域。多么幼稚而表面的观点！再说一次，把理性主义体系的抽象性看作一种罪行并因为它们将自己作为避难所和逃避的空间而非真实世界的延伸以此来诅咒他们是多么的愚蠢。我们所有的理论不都是一种补救以及逃避的空间吗？而且，如果哲学是宗教的，它怎么能仅仅是逃避现实的粗糙表面之外的东西呢？它还能做出什么比把我们从动物意志中提升出来，并且在取代所有由智慧支配的现实的理想原则框架中给我们的思想展示另一个更崇高的家园更伟大的事情呢？原则和普遍观点怎么才能只是抽象的轮廓呢？科隆大教堂难道没有蓝图就能建成吗？精化本身就是一种厌恶吗？有形的粗鲁难道是唯一真实的事情吗？

相信我，我感受到了制度体系的衰败。我承认，上述的介绍确实过于简单粗糙了。但是，就像所有的抽象概念一样，它们的用途将会被证明。如果哲学家们能够抽象地对待宇宙的存在，那他们就不能抱怨哲学的存在本身就是抽象的。事实上，我所给出的介绍虽然是粗糙简略的，但却是真实的。人们的性情、渴望和排斥确实会支配他们的哲学，而且会一直如此。制度体系的细节也许能够被一点一点地说明，当一个学生在制度体系下工作时，他可能会因为专注于一棵树而忘记整片森林。但当工作结束后，思想总是去执行其巨大的总结行动，而制度体系则立刻像一个生命体一样带着那个简单而奇怪的个性特征记录着对它进行的监督，就像一个朋友或战友死去后的灵魂一样。

不仅只有沃尔特·惠特曼（Walt Whitman）能够写出“读懂这本书就读懂了一个人”。所有伟大的哲学家写的书都与许多人相似。我们对于自己本质特点的感知都是基于我们自己所完成的哲学教育的最好成果，很典型却难以描述，但在这些书中都有所体现。制度体系则伪装成上帝的无边宇宙的样子。但它泄露了一些伙伴的个人特征有多么奇怪，如此可恶！而特征一旦沦为这些措辞（通过学习，我们思想中的哲学被它们削弱，变得批判），我们与制度体系之间的关系就会回到非正式的状态、回到满足或不满足的人类本能反应。我们在承认或拒绝中成长为专制的人，就像一个人说他是满足我们喜好的候选人一样，我们的判词将被认为是赞美或指责的词语。我们以自己对宇宙的感受衡量其整体特征，然后去反驳哲学提供给我们的特点，所以一个词就够了。

我们说，“不是自然，而是自然中的人创造了神”。那模糊的捏造，那呆板的东西，那循规蹈矩的事物，那难懂的人造物，那陈腐的教学产物，那令人厌恶的人类梦想！远离它，远离所有的它们！受不了！受不了！

我们的工作确实通过制度体系的细节给我们带来了对哲学家的必然印象，但我们的工作是建立在这种必然印象之上的。哲学的专业性是通过我们总结反应的确定性来衡量的，并且由专家来解释这些复杂对象所用的直接敏锐的特征词语的出现。但是这些特征词的出现并非一定需要良好的专业性。几乎没有人能明确表达自己的哲学观，但是几乎所有人都有自己对宇宙中一个确定总体特征，以及他所知道的与之匹配的独特制度体系的不足之处的独特感知。虽然，这些特征词不能完全代表任何人的世界。第一个特征词是挑剔；第二个特征词是迂腐；第三个特征词是意见杂乱；第四个特征词是病态；第五个特征词是人造或者没有判词。不管怎样，我们都知道这种哲学是不正确的、不协调的、不正常的，而且与表明宇宙的特征没有任何关系。柏拉图、洛克、斯宾诺莎（Spinoza）、米尔（Mill）、凯尔德（Carid）和黑格尔——在这里我对使用这些名字非常谨慎——听众们，我确定对你们中的一些人来说，这些名字只不过让你们想起了许多稀奇古怪的个人方式。如果对宇宙的这种说法是真的，那将是明显的荒谬言论。哲学家们必须切身地考虑你们的这些感受。最后，我重申，我们所有的哲学最终都要由它们来评判，最终胜利的看待事物的方式将是正常思维中印象最深刻、最彻底的方式。

一句话，哲学必然是抽象的概括。概括有许许多多，建筑的概括蕴含在设计师设计的庞大立方体中，而这个概括是用尺子和指南针在一张扁平的纸上创造出来的。这些概括甚至在建造时期还很薄弱，但它早已预见了最后的结果。概括本身是微不足道的，可它并不一定就意味着一件微不足道的事情。正是通常的理性主义哲学所提出的本质上的贫乏，让经验主义者转变为排斥的姿态。斯宾塞体系的例子就很能说明问题。理性主义者感到了他令人恐惧的一系列不足。他枯燥的校长性情，他那令人乏味的单调，他在辩论中对简单的权宜之计的偏爱，他甚至缺乏机械原理，而且他所有的基本思想都是模糊的。连他的整个制度体系都是呆板的，就像是从破旧的铁杉木板上敲下来的一样，但英国却有一半的人想将他安葬在威斯敏斯特教堂中。

为什么？为什么理性主义者对斯宾塞如此崇敬而对他的缺点视而不见？为什么像你我这样受过教育的人明明感受到了这些缺点却仍然希望将他安葬在教堂中？也许仅仅是因为我们觉得哲

学是他的心之所向。也许他的理论都是皮包骨，但是他的书籍却试图在此基础上填充出独特的身体，尤其是世界的轮廓。他所有的篇章中都有事实的影子，也从未停止对事实的印证。他强调事实，面向着事实的那四分之一象限，这就够了。因为这意味着经验主义者的思维方式是正确的。

我希望在下一讲中开始谈论的实用主义哲学保留着与事实的亲密关系，而且它不同于斯宾塞的哲学——将完全的宗教结构排除在外，既没有让它开始也没有让它结束，它对待它们也很亲切。

我希望我能够引导你们去发现，它就是你们需要的折中的思想方式。

第二讲
实用主义及其意义

实用主义愿意接受一切，无论是遵循逻辑还是遵循意识，并且考虑到了最谦卑、最私人的经历。如果奥秘能够产生实际的结果，那么它也会将其考虑在内。如果上帝有可能生活在一个肮脏而隐秘的地方，那么它也会去那里寻找他的。

几年前在山中露营时，我独自散步回来，发现大家正在进行一场关于形而上学的激烈争论，所有人都参与其中。争论的主体是一只松鼠——想象一只活着的松鼠待在树干的一侧，而一个人站在树干的另一侧。这个人试图通过绕着树干迅速移动的方式看见这只松鼠，但是无论他多快，松鼠都会在另一侧以同样的速度移动，并且松鼠和这个人之间始终隔着树干，因此这个人无法看到这只松鼠。由此产生的形而上学的问题是：这个人是不是围绕着这只松鼠在运动？可以肯定的是，他是围绕着树干移动的，而且这只松鼠也在树上。可问题是：他是不是也在围绕着松鼠移动？在这个极其安逸的旷野中，争论持续了很久。所有人都坚定地选择了自己的立场，双方的人数甚至相等。当我出现后，双方都呼吁我加入他们的阵营从而占据人数上的优势。学术上有一句话提醒了我，即遇到分歧时必须区分情况。因此，我立即寻找并且找到了如下区别：“哪一方是正确的，”我说道，“取决于你们所说的‘围绕着松鼠移动’的实际意义。如果是指经由松鼠的北边向东，再向南，向西，最后再经过它的北边，那么很明显这个人一定是围绕着松鼠移动的，因为他相继通过了这些位置。相反，如果是指先在松鼠的前方，然后在它的右边，再到后方，最后又到它的前方，那么显然这个人并没有围绕着松鼠移动，因为松鼠的移动使得它始终让自己的腹部对着这个人，而背部总是避开他的。把情况区分开，就没有什么是值得争论的。正如你们的设想，在每一种特定情况下‘围绕着松鼠移动’，双方都是正确的，也都是错误的。”

有一两个主力辩手认为我的说法是“和稀泥的逃避”，他们说他们只是针对“围绕”这个词语，并非是学术上的吹毛求疵。尽管如此，大多数人似乎都认为这种区分缓和了双方的争论。

我讲述这件旅途中的事情，是因为它简明地代表了我想要阐述的实用主义方法。实用主义方法主要是一个解决那些有可能是无休无止的形而上学争论的方法。世界只有一个还是有很多个？命中注定还是无拘无束？物质的还是精神的？这些观点的每一方都可能可以或无法说服所有人，而对于这些观点的争论却是无休止的。在这些例子中，实用主义方法就是试图通过追踪不同立场的实际结果来解释每一个观点。如果某个观点而非另一个观点是正确的，那么会产生什么不同呢？如果无论结果是什么，都不会产生特别的差异，那么不同的立场实际上讲的就都是同一件事。也就是说，所有的争论就都是无谓的。而当争论非常严谨时，各方都应该能够展示出某种实际的差异使拥护者认为本方的说法正确。

回顾实用主义的历史能够让我们更加准确地理解其含义。英文中“pragmatism”（实用主义）与“practice”（实践）以及“practical”（实用的）均源于同一个希腊单词“πρσγμα”（行动）。1878年，查尔斯·皮尔士先生首次将实用主义引入哲学。同年一月，皮尔士先生在《科学月刊》（*Popular Science Monthly*）中发表了题为“如何让我们的想法变得清晰”（How to Make Our Ideas Clear）的文章，并指出我们的行动受信念左右。他说，若想说明一种思想的含义，我们只需要确定这种思想会匹配怎样的行为——其行为是这种思想对我们而言唯一的意义。而我们所有的思想差异无论有多么微妙，其根源都是一个切实的事实。也就是说，没有任何一种思想差异能够刚好存在于所有可能的实际差异之外。因此，要想让某个客观对象在我们脑海中有一个清晰的认识，我们就只需要考虑在实际中这个客观对象可能产生的所有影响——我们期望从中获得什么体验，以及我们必须准备怎样的回应。我们对这些影响所持有的观念无论是即刻的还是远期的，只要它有积极的意义，于我们而言这都是对这个客观对象整体的观念。

这就是皮尔士的原则，实用主义原则。它默默无闻了二十年，直到豪伊森教授哲学联盟（Professor Howison’s philosophical union）在加利福尼亚大学的一次演讲中将其巧妙地运用到宗教之中，从而让它再次进入人们的视线。那时（1898年），实用主义的时代仿佛来了。“实用主义”这个词就流传开来，并在当时占据了哲学期刊相当大的版面。我们发现各处的“实用主义运动”时而尊重，时而傲慢，却很少具有清晰的认识。显然，这个术语很容易适用于一些当下还没有名称但已经形成了的倾向。

想要理解皮尔士原则的重要性，就必须将其运用到具体的案例当中。几年前，我发现著名化学家奥斯特瓦尔德（Ostwald）曾经在他科学哲学的演讲中清晰地运用了实用主义原则，虽然当时还没有用实用主义这个名字。

“所有的现实都会影响我们的实践”，他写道，“这种影响对我们来说意义重大。我习惯用这种方式向我的学生提问：如果某个选择是正确的，那么世界的哪些方面会变得不同？如果我无法找到任何不同，那么这个选择将毫无意义。”

也就是说，对立的观点实际上意味着相同的事情，同时也意味着除了实践，我们一无所有。奥斯特瓦尔德在他公开发表的演讲中用下面这个例子解释了他的观点。化学家们对于某些被叫作“互变异构体”（tautomeric）的物质的内部结构存在长期争议。有观点认为，互变异构体要么是一个不稳定的氢原子在物质内部振荡产生，要么是两种不稳定物质产生的混合物，从这种观点来看互变异构体的性质似乎是相同的。对此，产生的讨论非常激烈，但是从无定论。奥斯特瓦尔德说：“如果争论双方曾经问过自己若他们或对方所秉持的观点是正确的，则特定的实验结果将会有什么不同，那么这些争论就不会开始。因为随之而来的结论可能是没有差异。而且这种争论就像原始时代关于使用酵母发面的争论一样虚幻，其中一方说需要召唤‘棕仙’（brownie，传说中夜间帮助做家务的小精灵）来发面；另一方则称发面的是‘精灵’（elf）。”

令人吃惊的是，许多哲学争论都在进行了这种追踪实际结果的简单测试后变得毫无意义。如果在其他地方不会产生差异，那么在任何地方都可能是无差异的——抽象事实中的差异一定会基于这个具体的事实和行为，在某时某地以某种方法在某人身上表现出差别。哲学的功能应该是在某种观点为真的情况下，找出这种观点在我们生命的某些时刻对你我产生的具体差异。

实用主义方法中没有新的东西。苏格拉底（Socrates）是这方面的行家。亚里士多德（Aristotle）也使用地非常熟练。洛克、伯克利（Berkeley）和休姆也通过这种方法为真理做出了巨大的贡献。沙德沃斯·霍奇森（Shadworth Hodgson）坚持认为，现实是他们唯一“了解”的事情。但是，这些先驱者都只使用了部分的实用主义——他们只是拉开了实用主义的序幕。直到我们这个时代，实用主义才得以普及，将其自身塑造成了一个可以征服的命运，变成了一个世界性的课题。我相信这个命运，而且我希望这本书能够以我的信念鼓舞你。

实用主义在哲学中代表着一种极其熟悉的态度，即经验主义态度。但是在我看来，这两者都以比曾经假设的更加激进而不令人反感的形式代表着对方。实用主义者坚决并永远地舍弃了作为专业哲学家所根深蒂固的习惯，从口头的解决方案、错误的先验理由、固定的原则、封闭的系统以及虚构的绝对和起源中舍弃了抽象和不充分。相反地，他们转向了具体和充分、转向了事实、转向了行动也转向了权力。这就意味着经验主义性情和理性主义性情通通被放弃了。也意味着自然的开放性和可能性，对事实中的教条、人为因素以及虚构结果的反对。

同时，实用主义方法也不支持任何特殊结果。它只是一种方法。但是这种方法的普遍成功意味着一种巨大变化，即在上一次演讲中我所说的哲学“性情”的巨大变化。极端理论主义类型的教师会落伍，就像共和政体中不会出现朝廷体制、信奉新教的地方不会存在教皇绝对权力一样。科学和形而上学的联系会更加紧密，而且两者将共同协作。

形而上学通常遵循一种非常简单的探索。人们总是对非法的巫术充满渴望，而且人们知道咒语中最重要的部分都会显灵。一旦知道了某人的名字，并且掌握了束缚他的咒语，就能够控制这个人的意志和魂魄，或是拥有任何其他的权力。所罗门知道所有圣灵的名字，并且以他的意志控制着他掌握的这些名字。因此，宇宙总是以神秘示人，而解开这些神秘的关键总是需要通过一些富有启发的词语或名称来寻求。这些词语或名称决定着宇宙的“原理”，人们对拥有它的热情仅次于对拥有宇宙本身的热情。“上帝”“物质”“理性”“绝对”和“能量”都是这种词语。当我们获得这些词语或名称之后就可以休息了，因为我们已经达到了对形而上学追求的终点。

但是，如果遵循实用主义的方法，我们就不能指望以任何这样的词语或名称来结束我们的探索。我们必须从每一个词语中提取出它的实际应用价值，然后通过以往的经验将其运用到工作中。实用主义的方法看起来并不像一个解决方案，更像一个带来更多工作的项目。更具体地说，它是对既有现实可能被何种方式改变的指示。

理论因此成为工具，而不是可以让我们休息的神秘的答案。我们不去依靠它们，而是不断前进，但有时也会在它们的帮助下让本性再现。实用主义让所有的理论变得灵活，把它们梳理起来，并让它们起到各自的作用。实用主义在本质上并不新鲜，它只是与许多古老的哲学倾向相协调。例如，它与“名义主义”（nominalism）在许多细节上非常相似，与“功利主义”（utilitarianism）一样强调实践，与“实证主义”（positivism）一样除非是形而上学的抽象问题，否则不屑于空谈。

所有的这些都是“反理智主义”（anti-intellectualism）倾向。反对将理性主义作为一种借口和方法。实用主义完全做好了待命的准备，但是至少在一开始它没有得到什么具体的结果。没有任何教条和学说来支持实用主义方法。正如年轻的意大利实用主义者帕佩尼所说的那样，实用主义存在于各种理论中间，就像宾馆的走廊一样。在这个走廊两边有无数的房间，你可能会在某一间屋子里找到一个正在写无神论书卷的人；第二个房间中可能有人正在跪着祈祷信仰和力量；第三个房间中可能有化学家正在研究身体的性质；第四个房间中可能有人正在研究理想主义形而上学；第五个房间中可能有人正在展示形而上学的不可能性。但是他们都共同拥有这个走廊，而且如果他们想要进出自己的房间就必须通过这个走廊。

到目前为止，虽然还没有产生具体的结果，但这种取向性的态度就是实用主义方法的意义。从最初的事物、原则、“类别”、假设的自然规律上移开视线的态度以及寻找持久的事物、成果、结果和事实的态度。

实用主义的先讲这么多！你可能会说我只是在罗列，却并没有解释这些方法，但我将通过它们如何在一些熟悉的问题上发挥作用来对它们进行充分的解释。同时，实用主义这个词也被使用在更广泛的意义上，它也意味着一种事实的理论。我会在做好铺垫后对这一理论做一次完整的演讲，因此现在我只是简短地提一下。但是这种简短的提及可能会打断大家的思路，所以我希望你们的注意力能回到十五分钟之前。如果还是感到有许多晦涩难懂的地方，那么我希望在之后的讲座中能够让你们更加明白。

我们这个时代最成功的哲学分支之一就是所谓的“归纳逻辑”（inductive logic），即对科学发展的条件的研究。这个领域的数学家、物理学家和化学家在构思著作时都已经对自然法则和实施要素的含义达成了一种独特的一致。当第一个数学、逻辑以及自然的一致法则被发现后，人们被如此清晰、美好、简单的结果所震撼，以至于他们相信自己已经彻底地破译了全能的上帝的永恒思想。上帝的思想也在推论中产生共鸣和回响。他也像欧几里德（Euclid）一样思考着圆锥曲线、正方形、根和比例以及几何学；他让行星服从开普勒定律；他让落体的速度与时间呈比例增加；他让光在折射式遵循正弦定律；他建立了动植物的层级、秩序、家系和属种并确定了它们之间的间隔。他想到了所有事物的原型并创造了它们的变体。当我们再发现其中任何一个奇妙的制度时，我们就抓住了他思想中特定的意图。

但是，随着科学的发展，几乎所有我们已知的法则都只是近似物这种观念深入人心。此外，法则本身也在不断增多，根本无法计算其数量。而且，每一种科学的分支都有许多与之对立的构思，以至于科学家们习惯于没有任何一种理论是完全忠实于事实但是任何人的观点都有可能是有用的这个观点。这些法则最大的用处是总结既往事实并引出新的事实。就像有些人说的那样，它们只是一种用来发表有关自然的报告的人造语言和简短观点。而众所周知，语言涵盖了大量的表达方法和方言。

因此，人类的恣意之举在科学逻辑中驱动着神圣的自然规律。如果我提到西格瓦特（Sigwart）、马赫（Mach）、奥斯特瓦尔德、皮尔森、米约、庞加莱（Poincaré）、迪昂（Duham）、胡西恩（Ruyssen），那么作为学生的你们就很容易分辨我所说的倾向，并会想到更多的名字。

现在，在这股科学逻辑浪潮的前奏中，希勒先生（Mr. Schiller）和杜威先生通过实用主义的方法展示了各种事实的意义。他们甚至说，我们的思想和信仰中的事实与其在科学中的意义是相同的。他们说，这意味着这些思想（其本身只是我们经验的一部分）就帮助我们与经验的其他部分之间建立令人满意的关系而言是正确的。通过简短的观点代替不断出现的特定现象来获得这些思想并对它们进行总结。也可以说任何我们能够依靠的思想，任何能够带我们从任何一部分经验到另一部分经验的思想，都令人满意地衔接各事物、安全地工作、节约人力，它们是如此的真实，到目前为止都是真实的，真正工具化的。这是在芝加哥的教学中非常成功的事实“工具化”观点。事实在我们思想当中意味着“思想‘工作’的力量”这个观点被郑重地在牛津发布。

杜威、希勒和他们的盟友，仅仅用到了地质学家、生物学家和语言学家的例子就得到了这一真理的普遍概念。其在其他科学领域中，这种成功的建立总是获得一些在实际操作中能够观察到的简单过程，例如，变化无常的天气，或亲本的变异，或由于新文字和发音的并入而产生的方言变化，之后再将这些过程进行归纳，使它们在任何时代都能够适用，并且通过总结其在不同时代的影响得到重大成果。

希勒和杜威为一般化而特别选择的可以观察到的过程，对任何人来说都是非常熟悉的，便于他们内化新的观点。我在这里展示的过程也是如此。人们的思想中已经有过去的观点存在，但是获得的新经验又使人们陷入困境。有人进行反驳，或是在思考的过程中发现两者相互矛盾，或是得知了两者不相容的事实，或是渴望找到调和两者的办法。其结果就是造成了自己内心的冲突，思想因而发生变化，而且试图通过修改大量先前的观点寻找逃避的办法。人们会尽可能多地收集这些观点，因为在这个信念问题上大家都是极端保守的。所以，人们首先会尝试去改变这个观点（从各个方面对抗这种变化），直到最后一些可以让他们以最小的代价嫁接在先前观点之上的新观点出现，这些观点介于过去的观点和新的经验之间，并且让它们以对彼此最恰当而有利的方式运行。

这种新的观念被认为是真实的。它以作出最小的修改保留了之前的真理，将其外延至刚好能够承认新的事件，但是又以一种熟悉的方式来考虑这个案例。一个违反了人们先前见解的骇人听闻的解释将永远无法成为一个对新的事件真实的解释。直到我们发现事情不再古怪之前，我们都应该勤奋工作。个人信仰中最激烈的革命会将过去大多数的秩序留下。时间和空间、原因和结果、本性和历史，还有一个人自己的过去都没有被碰触。新的真理总是一个介于两者之间的平滑过渡。它以最小的颠簸和最大限度地连续性将过去的观念与新的事实相结合。我们认为一个理论的真实性与其解决“最大值和最小值问题”的成功程度是呈比例的。但是成功的解决这个问题的成功程度显然是一个近似的问题。我们说在整体上某个理论能比另一个理论更令人满意地解决问题。这也就意味着每个人都更加满意，但人们会以不同的方式强调他们的满意点。因此，在某种程度上，这一切都是可塑的。

我现在希望你们特别注意的是过去的真理所扮演的角色。欠缺这一点的考虑是对实用主义许多不公正批判的根源。而它们所产生的影响是绝对的控制。忠于过去的真理是第一原则，而且在大多数情况下也是唯一的原则，因为迄今为止对于那些新颖到足以让我们重新对过去的概念做出严肃整理的事件的最常见的处理方式是完全忽视它们，或者批判那些为此类事件作证的人。

毫无疑问，你们肯定希望看到得到这个真理过程的案例，唯一的麻烦是，这种例子太多了。新的真理的最简单的例子当然仅仅是新类型事实数量的增加，或旧类型中新的单一事实数量的增加。以我们的经验来看，也就是一个不涉及信仰改变的增加。日复一日，它们只是内容上的简单叠加。新的内容本身都不是真理，它们只是来往的过客。真理是人们对它们的描述，并且，真理是当我们说有新内容到来时能够被满足的简单加法公式。

但每天的内容常常要求我们做出新的安排。如果我现在在这里像疯子一样发出尖锐的叫声，那么这会让你们许多人改变对我的哲学价值的看法。“镭”在横空出世后成了那一天的内容，而且它似乎在一段时间中违背了我们对整个自然秩序的看法，这个自然秩序就是“能量守恒”。仅仅看到镭能够从自身释放热量，这似乎违背了能量守恒。应该做出怎样的思考呢？如果来自镭的辐射只不过是原子中预先存在的未预料到的潜在能量的流失，那么能量守恒原则仍然成立。辐射产生了“氦”，这个发现又开辟了一条通向这个信仰的道路。因此，拉姆齐（Ramsay）的观点通常被认为是真的，因为它虽然扩展了过去对能量的认知，但是对其性质产生的改变是很小的。

我不需要再举出其他例子了。一个新的观点被认为是“真实的”是因为它满足了人们将其经验中的新事件内化于其过去的信仰之中的欲望。这种观点必须既要依赖原有真理又要把握新的事实。而它在这上面的成功（就像我刚提到的）是个人评断的问题。旧的真理通过新的真理的补充得到扩展是出于主观的原因。我们身处这个过程中并服从这个原因。这个新的观点是最真实的，它最恰当地展示出了其满足我们对新旧两方坚持的功能。它的处理方式让自己成为真实，也将自己归类到真理当中。它将自己嫁接在过去的真理之上，这就如同一棵树通过长出新的枝丫而成长。

现在，杜威和希勒着手于概括这种观察并将其应用到真理最古老的部分中去。它们曾经可塑性也很强，它们也曾因人类被称为真实，它们也曾居于更早的真理和当时作为新颖的观点之间。真理在其建立过程中，满足了人们将过去的经验和新的事实相结合的功能是不扮演任何角色的，因此纯粹的客观真理是不存在的。我们将一些事情称作真实是它们真实的原因，因为“变得真实”仅仅意味着它的结合功能。

因此，人类智慧的足迹超越了一切。独立的真理、我们发现的那些真理、对人类需求不在具有可塑性的真理、无法改变的真理。这样的真理确实存在极多，或者应该是存在于理性主义者的思想当中，但是一旦这样，真理就仅仅是一棵活着却不再生长的树，而这棵树的存在仅仅意味着真理的古生物学和真理的“处方”，而且可能随着多年的经验而变得刻板，并在人们的印象中因变成完全的古物而石化。但是，无论最古老的真理的可塑性有多强，在我们的时代中它都曾生动地展示在逻辑思想和数学思想的转变之中，这种转变甚至似乎成了侵袭的物理现象。古老的公式被重新解读为更广泛的原则的特殊表达，是我们的祖先从未在他们那时的现象和公式中见过的原则。

希勒仍然把这种“真理”的观点称作“人道主义”（humanism），但是对于这一学说来讲，实用主义这个名字也是适用的。因此，我将在这些演讲中以实用主义这个名字来对待它。

这就是实用主义的范畴，第一，它是一个方法；第二，它是一个从真理的意义中产生的理论。这两者将是我们未来将要讨论的话题。

我确信，我所说的真理的理论由于它的简洁性，对大多数人而言都是晦涩难懂的。以后我将为此做出一些补充。在关于“常识”的演讲中，我将尝试去展示我通过“真理因变成完全的古物而石化”想要说明的问题。在另一个演讲中，我将阐述我们思想的真实性和它们发挥其结合功能的成功是呈比例的。在第三个演讲中，我将展示在真理的发展中区分主、客观因素是多么困难。你们可能不能完全跟上我的这些演讲，但是如果你们跟上了，你们可能不会完全同意我的观点。但是我知道，你们至少会认为我是认真的，并尊重我的努力。

如此，你可能会惊讶地得知希勒和杜威的理论遭受过一场轻蔑和嘲讽的暴风雨。所有的理性主义者都在反对他们。尤其是在受理性主义影响深远的地方，希勒被当作一个欠揍的、放肆的小学生。我本不应该提到这些，但是提到它们是因为其侧重点多在我反对的那种实用主义性情的理性主义性情之上。实用主义不能离开事实，而理性主义却生存于抽象当中。实用主义讨论“复数”（plural）的真理，讨论它们的功能和满足性，讨论它们“工作”的成功等，这给典型的理智主义思想提供了一种粗糙的、蹩脚的、二流的真理。这样的真理不是真实的真理，这样的实验只是主观的。与此相反，客观真理必须是非功利的、高傲的、精练的、荒僻的、令人敬畏的、崇高的。它必须是我们的思想和与之相对的绝对事实之间的绝对一致性。它必须是我们应该无条件思考的事情。我们所使用的有条件的思考方式在心理上无关紧要。在这些问题上，我们需要放下主观心理，运用逻辑！

看看不同思想类型的细小差别吧！实用主义者坚持事实和具象，在真理工作的特定情况下对其进行观察和概括。对他们来说，真理成了经验中各种明确的工作价值的类别名称。对于理性主义者来说，真理是一个纯粹抽象的事物，而对于我们来说，它只是一个我们必须遵从的名称而已。当实用主义者详细说明我们为什么必须遵从时，理性主义者却无法辨认出他们提取抽象真理的具象。他们指责我们否认真理，而我们只是试图找到人们追随真理以及为什么应该这样做的原因。典型的极端抽象在具象面前是站不住脚的：其他事物相同时，他们更倾向于空泛和幽灵。如果存在两个宇宙，那么他们总是会选择那个苍白的轮廓而不是丰富的现实——现实是如此的纯净、清晰、高贵。

我希望随着这些演讲的进行，实用主义者所倡导的与事实之间的具体性和紧密性可能会成为你们最满意的特性。它遵从这里提到的这对姐妹科学的例子，以观察到的来解释未观察到的；它将新经验和旧观念和谐地结合，它改变了我们思想和现实之间绝对不存在"一致性"（我们之后还将提到）这种静态关系的观点，将其转变成了一种在我们的特定想法和其他经验能够施展其用途的伟大宇宙之间丰富而活跃的商业活动（任何人都能够理解并追随其中的细节）。

但是现在这就够了吗？我所说的理由必须推迟，我希望现在能够对我在上次演讲中提出的主张进行补充，即实用主义可能是一种经验主义思维方式与更多人类的宗教需要的巧妙调和。

你们可能记得我曾经说过，那些具有强烈的信奉事实的性情的人容易因为些许同情心而与当代主流理想主义的哲学提供给他们的事实保持距离。这太理智主义化了。老式的有神论认为上帝是一个崇高的君主，他由许许多多晦涩的或荒谬的“属性”组成，这已经够糟糕了，但是只要这种理论还牢牢地被设计的争论控制，那么它就还与具体的现实保持着联系。然而，由于“达尔文主义”（Darwinism）曾经一度偏离了“科学”的思想，所以有神论已经失去了立足点，而某些内在的或泛神论的神灵作用在事物之中而不是凌驾于事物之上，如果它们存在，那么它们就是对当代想象的很好的推荐。一般而言，一个哲学的宗教信仰的追求者，现在更倾向于“理想主义泛神论”（idealistic pantheism）而不是旧的“二元有神论”（dualistic theism），尽管后者仍然被认为是有能力的保护者。

但是，正如我在第一讲中所说的那样，如果他们是事实的推崇者，或者具备经验主义的思想，那么泛神论的烙印就很难被他们同化。这是一种绝对主义的烙印，它扫除了尘埃，建立在纯粹的逻辑之上。它与具象之间没有任何关系。肯定“绝对主义思想”（absolutism mind）这个上帝的替代物，是对事实的所有细节的理性预设，无论它是什么，都依旧与我们这个世界实际的事实细节无关。但是无论它们是什么，“绝对主义”（absolutism）都是它们的始祖。就像《伊索寓言》中的《病狮》一样，狐狸发现所有的脚印都是走进洞穴中的，却没有任何走出来的脚印。你不能通过绝对主义的帮助走出事实细节的世界，或者从你对上帝本质的想法中推断出任何对你的生命很重要的、必要的、事实的结果。他确实给了你一个保证，那就是所有的一切在他和他永恒的思考方式中都很好。但是，他留给你的是你短暂生命中有限的救赎。

对我来说，还不能否认这一概念的权威，或是放弃宗教缓和崇高思想的能力。但是从人类的角度来看，没有人能够假装它没有荒僻和抽象的缺点。这是被我大胆地称为理性主义性情的产物。它蔑视经验主义的需要，用一个苍白的轮廓代替了丰富的现实。它十分简洁，在负面意义中十分高贵而笨拙的谦卑侍奉。在这个充满汗水和污秽的现实世界中，对我而言，当对事物的看法是“高尚的”时，它似乎应该被认为是反对真理的推论，而且是作为哲学上的失格。撒旦可能像我们被告知的那样是一位绅士，但是无论上帝和天堂是什么样，他都不可能是绅士。在人类的实验中对他谦卑侍奉的需要胜过在九天之上对他尊严的需要。

现在，尽管实用主义专注事实，但是它没有像普通的经验主义那样带有唯物主义的偏见。此外，如果能从对抽象的认识的帮助下得到事实细节而且确实能够有所启发，那么它对抽象的认识是没有任何异议的。它对那些我们的思想和经验共同合作却没有得出结论的神学也没有偏见。如果神学的思想被证明对具体的生活有价值，那么对实用主义来说，它们就是真实的，因为它们是有益的。至于它们的真实程度则完全取决于它们与其他必须承认的真理之间的关系。

我刚才所说的“先验理想主义”（transcendental idealism）的绝对主义就是一个恰当的例子。首先，我称它是权威的并说它给一类思想带来了宗教安慰；其次，我指责了它的荒僻和贫乏。但是，只要它能够提供这样的安慰，它就一定不是贫乏的，因为它有自身的价值，起着具体的作用。作为一个优秀的实用主义者，我自己应该给绝对真理加上“到目前为止”，而且我现在将毫不犹豫地这样做。

但是在这种情况下，“到目前为止是真实的”意味着什么呢？要回答这一问题，我们只需要应用语言学的方法。绝对事物的信奉者所说的他们从其信仰中得到的安慰又意味着什么呢？他们的意思是，因为绝对事物中有限的邪恶已经被“推翻”了，所以我们可以在任何我们希望的时候将现时现世看作潜在的永恒，确信我们能够相信它的结果，并且在没有罪恶的情况下消除我们的恐惧、放弃我们对有限的责任的担忧。简而言之，这意味着我们有权利不时地给精神放假，让世界以其自己的方式运转，感觉就像这些问题被掌控地比我们能做到的更好，而且都跟我们没关系。

宇宙是一个个体成员可以偶尔放松焦虑的体系，在这个体系中不关心的心境对人们来说也是正确的，而且这种放松的精神假期是有序的。如果我是正确的，那么至少是被认作绝对事物的一部分，是我们的特有经验中认为上帝是真实的而产生的最大差异。对我们来说，那是以实用主义的方法进行解释时他的部分实际价值。更进一步的是，那些赞成绝对理想主义的普通的哲学业余爱好者，并不敢于强化上帝的概念。他们可以运用那么多的绝对事物，而且很多都是非常珍贵的。因为他们的讨论涉及自己未能遵循的概念的各个方面，因此他们在听到其他人对绝对事物的怀疑时会非常痛苦，并且无视这些批评。

如果绝对事物仅仅意味着这些，那么谁能否认它的真实性呢？否认这一点就是坚持人们应该永远不休息，而且假期也从来不是有序的。我很清楚你们中的一些人听到我说，只要相信某个想法对我们的生活是有益的，那么它就是“真实的”时，就会感到很奇怪。但你们会因为它带来的好处而欣然承认这种想法的。如果通过它的帮助我们做的事情是有益的，那么你会认为这个想法本身是好的，因为我们拥有它之后变得更好。但是你可能会说，因为这个原因而称这个想法是“真实的”不是对“真理”这个词的一个奇怪误用吗？

在我现在的研究阶段，完全回答这个困难的问题是不可能的。这已经是希勒、杜威和我自己的真理学说的中心问题了，在第六讲之前我不会对此作更详细的讨论。现在我只想说一点，那就是真理是一种善，而不是通常被认为的一种与善协作但不同于善的范畴。真理是一切因明确的、可归属的理由通过信仰和善行证明自己是善的事物的总称。对于这一点你们必须承认，因为如果真实的想法对生活没有任何好处，或者如果这种想法中的知识都是不利的，而且唯一有用的是那些错误的想法，那么当前真理是神圣的和宝贵的这一观点，以及它承担的责任都将永远不会成长为或变为一种教条。在那样的世界里，我们的任务就变成了回避真理。但是在这个世界中，真理就像某些事物不合我们的胃口但却对我们的牙齿、肠胃和身体有好处一样，因此，某些想法不仅能令人欣然接受并去思考，或者也可以像我们支持其他观点一样被我们愉快地支持着，而且也有助于我们解决实际生活中的问题。如果存在一种我们应该向往的美好生活，如果有任何我们确信的想法能够帮助我们实现向往的美好生活，那么我们就应该相信它，除非这个想法中的信仰确实在偶然间与其他更重要的利益发生了冲突。

“我们相信对我们更好的！”这听起来很像是对真理的定义，它非常接近那些“我们应该相信的”，在这个定义中，没有人会觉得奇怪。我们是否应该不去相信那些对我们更好的信仰？那么，我们能否永远将对我们好的观点和对我们来说真实的观点分隔开来呢？

实用主义的回答是，不能，对此我完全赞同。就抽象的说法而言，你们可能也会同意实用主义的这个观点，但是可能也会怀疑如果我们真的相信一切对我们个人生活有益的事物，那么我们就应该沉醉于对这个世界的一切事物和美好，以及今后有关这个世界的所有感情当中。毫无疑问，这个怀疑是有根据的，而且是显而易见的。当你从抽象的事物过渡到具体的事物时，情况就会变得复杂。

我之前说过对我们更好的信仰是真实的，除非这个信仰偶然间与其他更重要的利益发生了冲突。在现实生活中，我们的某种信仰与什么更重要的利益最容易发生冲突呢？除了那些与之前信仰不相容的其他信仰所产生的重要的利益之外，还有什么？换句话说，任何我们信奉的真理最大的敌人都可能是我们信奉的其他真理。真理具有这种一劳永逸的自我保护本能以及消灭任何与之矛盾的观念的渴望。我对绝对事物的信仰，建立在它带给我的好处之上，而它则必然会遭受来自我的所有其他信仰的打击。不得不承认，在带给我一个精神假期这个问题上，它被允准是真实的。然而，我现在可以十分自信地说，就像我设想的一样，它与我信仰的其他真理发生了冲突，而这些真理带给我的好处使我无法放弃它们。它恰好与一种我敌对的逻辑联系在一起，我发现它使我陷入了我无法接受的形而上学的悖论当中，如此等等。但就算没有这些理智的矛盾，我的生活中已然存在了足够多的麻烦，所以我个人放弃了绝对主义。我只是享受着我的精神假期，或者作为一个专业的哲学家，我尝试通过一些其他的原理来为它们辩护。

如果我能把我对绝对主义的观点限定在它给予假期的价值上，那么它就不会与我信奉的其他真理发生冲突。但是，我们不能这样简单地限定一个假设。它们都带有更多的特征，而这些特征就是冲突所在。我对绝对主义的不相信仅仅意味着我对那些其他更多特征的不相信，因为我完全相信给精神放假的合理性。

如此，你们就能理解当我把实用主义称为中介物和调解者时的意思了，借用帕佩尼的话说，实用主义让我们的理论变得柔和。事实上，它没有任何偏见，也没有阻碍性的教条，更没有被当作证据的死板准则。它是完全适宜的。它会接受任何假设，也会考虑所有证据。由此可见，在宗教领域，它的反神学偏见对于“实证主义经验论”（positivistic empiricism）和其在设想中对荒僻、高尚、简化和抽象的独特兴趣对于“宗教理性主义”（religious rationalism）都占据了很大的优势。

简而言之，它拓宽了寻找上帝的领域。理性主义坚持逻辑和崇高，经验主义则坚持外在意识。实用主义愿意接受一切，无论是遵循逻辑还是遵循意识，并且考虑到了最谦卑、最私人的经历。如果奥秘能够产生实际的结果，那么实用主义也会将其考虑在内。如果上帝有可能生活在一个肮脏而隐秘的地方，实用主义也会去那里寻找他的。

实用主义对真理的唯一考验是，在引领我们的过程中最有效的方法是什么？最适合生活中所有方面并与所有经验的需求相结合的是什么？如果神学思想能够做到这些，特别是如果上帝的概念可以证明神学思想能够做到，那么实用主义又怎么会否认上帝的存在呢？它将“不真实”的观念视为毫无意义，这也是实用主义如此成功的原因。对它来说，除了具体事实的体现外还能有什么其他真理存在呢？

在我的最后一次演讲中，我将再次回到实用主义与宗教关系之间的讨论当中。但你们已经领略到实用主义有多么的民主了。它的行为多种多样、灵活多变；它的资源异常丰富、无穷无尽；它的结论和大自然的结论一样友好。

第三讲
从实用主义角度思考几个形而上学的问题

对“认识论上的自我”“上帝”“因果原则”“设计”“自由意志”，这些被看作是神圣威严的事实，实用主义是如何把重点从后看转移到从前看的。对我们来说，真正重要的问题是，这个世界将会是什么样子？生命最终会成什么样子？

现在，我会通过一些应用于具体问题的例证，并且用大家更熟悉的方式介绍实用主义方法。首先，我将从最枯燥无味的物质开始讲起。所有人都在用物质和属性的古老差别，人们信奉它就好像这种差别存在于人类的语言结构、主谓语差异当中一样。例如，要描述一根粉笔的风格、属性、特征、命运或感情，我们会用白色、易碎、圆柱体、不溶于水等词。这些都是白灰的属性，也是承载着这些属性的物质。以此类推，就会有“一张桌子的属性存在于木头这种物质里”“我的外套的属性存在于羊毛之中”等。这再次说明了白灰、木头和羊毛，虽然它们之间既有差异，又有共同的属性，但其自身还是以一种更原始的物质形态呈现，而这种物质的属性则为空间占有和不可预知性。同样，我们的思想和感受也是我们灵魂的情感或属性。也就是说，灵魂是物质，但灵魂又不完全是物质，而是更深层的物质形式——精神。

就像前文提到的，我们知道粉笔的特性是白色、易碎等，也知道木头是可燃的纤维结构。每种物质都因其固有的一组属性为人所知，并以我们的实际需求构成了其独有的商品价值。但凡存在的物质都是有属性的，如果我们不知道它们的属性，也就不会想到相应物质的存在；如果上帝保持以不变的规则将这些属性传递给我们，又出乎意料地在某个瞬间摧毁具有这些属性的物质，那我们也将永远无法察觉到那一刻，因为我们的经历本身没有发生变化。因此，唯名论者提出了“物质是一个谬误”的观点，称其只不过是人们习惯性地把名称变成物质罢了。现象以类别进行区分，例如白灰类、木头类等，这些类别都有它们自己的名称，而这个名称又成了我们支持这种类别的一种方式。例如，温度计显示今天的温度低，这种现象被称为所谓的气候。事实上，气候只是某类天气现象的名称，但却被当作某一天的标签。而且我们普遍将名称加在构成它的事实之上，就好像这个名称也是一种物质。但唯名论者认为，事物的现象属性绝不受某种名称的禁锢，既然不被名称所固化，那它们自然也就不会受到任何物质的局限。这种现象属性相互依附或者说互相结合在一起，就像水泥能黏住砖块一样，以至于我们根本无法打破这种黏性来获得物质的概念。相互依附本身就是物质概念所表达的一切，在这个依附背后其实什么也没有。

“经院哲学”（scholasticism）从常识中提取出物质的概念，使其专业化且易于表达。由于脱离了与物质的所有接触，物质的实用价值会变得微乎其微。但恰恰在一个事例中，经院哲学却用实用主义的方法证明了物质概念的重要性。这就是关于“圣餐奥秘”的争议。因为圣餐中圣饼的属性没有发生任何变化，但是它却变成了基督的肉体，所以这种变化仅仅是发生在物质之中。当物质的面包消失后，这种神性的物质在不改变感官属性的情况下竟奇迹般地被取代。尽管这种属性没有被彻底地改变，但还是产生了变化。只不过人们食用的是圣餐这种神性的物质。如果一旦允许物质与其属性分离并和其他属性互换，那么实体概念将渗透到生活当中，并产生重大影响。

这是我知道的物质概念的唯一一次实用主义应用，显然只有那些已经相信“真实存在”且有独立依据的人才会认真对待这种物质概念。

伯克利对物质资料的批判使得他的名字响彻整个哲学界。他对物质概念的论述非常出名，只需一提便知。伯克利没有否定我们熟悉的外在世界，反而去论证了它。经院哲学认为物质实体概念曾经是我们无法接近的，它在外部世界的背后，比它更深，甚至更真实，而且需要它去支持外部世界。伯克利认为它是虚拟外部世界最有效的还原剂。他认为那些有信仰的人摒弃物质，等上帝把实实在在的世界送到他们面前，他们证实后者并用神的旨意去接近和理解这一切。因此，伯克利关于物质的批判是完全的实用主义。物质给了人们关于颜色、形状、硬度之类的感知属性，也构成了物品的商品价值。正是因为这些不同的感知属性，我们接近不同的物质会有不同的感受。换句话说，如果物质不存在，我们也就没有这些感受。而这些感知属性就是物质独一无二的意义。很明显，伯克利并没有否定物质，他只是告诉我们物质的组成。物质就是千千万万个感知属性中一个真实存在并给予了命名的东西罢了。

伯克利以及之后的休谟同样用实用主义批判了灵魂物质。这里，我只想提一下洛克对“人格同一性”的解答。他直接根据经验归纳出了这个概念的实用主义价值。他认为这个概念意味着太多的意识，或者说是事实：在生命的某一时刻我们能以相同的意识想起自己在不同时期经历的其他时刻，并感知到这些时刻都是同一个人的历史的一部分。理性主义者通过将其与精神物质的统一来解释我们生命中的这种真实的延续。但是洛克说：假设上帝带走了人的意识，那么我们仍然拥有灵魂原则会不会显得更好？

假设上帝在我们还能意识到自我的情况下，把相同的意识强加给不同的灵魂，那么我们是否会因为认识自己而认为自己更糟？在洛克那个年代，灵魂是一种奖励或惩罚的东西。让我们来看看洛克是怎样从实用主义出发来讨论这个问题的。

他说："假设某人认为自己具有和内斯特（Nestor）或瑟赛迪斯（Thersites，特洛伊战争中的一名希腊士兵，喜欢骂人）一样的灵魂，他会认为自己的行为和其他存在过的人的行为一样吗？但是假设他一旦发现自己主动去做了内斯特的行为，那么他会发现自己和内斯特是同样的人。基于这一点，才有了个人认同中所有的奖赏和惩罚的公平、正义。有理由认为，没有人会回答他一无所知的事情，但是，只要他的意识指责或原谅他，他就要接受任何厄运。假设有人因为上辈子做过的事情受到惩罚，他可能对于那件事情没有意识，那么这种惩罚和他自己所造成的痛苦有什么区别？"

因此，洛克认为，人的人格同一性仅仅存在于实用主义层面界定的特殊事物中。除了那些可以证实的事实外，它是否存在于精神原则中，只不过是一种好奇地猜测而已。洛克对该观点做出一定让步后，认为他自己是被动地容忍了我们意识背后的固有灵魂中的信念。但是他的后继者休谟，以及他之后的大多数经验主义的心理学家则否认了这种灵魂，他们将灵魂定义为我们内在生命中可验证的内聚力。他们把它降入经验流中，用“想法”及其相互之间特有的关联，把它们兑换成许多“小面额”的价值观念。正如之前提到的伯克利的物质一样，灵魂只有那些“好”或“真实”的意思，并没有更多。

提到物质资料，自然会使人联想到唯物主义学说，但哲学上的唯物主义不一定与相信作为形而上学原则的物质联系在一起。你可以像伯克利一样强烈地否认某种层面的物质，也可以像赫胥黎（Huxley）一样是个现象主义者，但是从广义上来讲，你可能仍然是个唯物主义者，用一些较低级的现象解释较高级的现象，把世界的命运留给更模糊的部分和力量，任由它们摆布。从这个广义角度来看，唯物主义是反对唯心论或有神论的。唯物主义者认为物质的自然法则是事物运行的法则。像理想主义者主张的那样，无论自然界是否只存在于我们的思想之中，一个熟悉事实的人可以脱离生理条件，解密人类智慧的最高成果。在任何情况下，我们的思想将记录它的性质，按照看不见的物理定律运算之后把它记录下来。这就是当今的唯物主义雏形，或者最好称其为“自然主义”。和它对立的是“有神论”或者广义上的“唯心论”。唯心论认为思想不仅目睹和记录事物，而且还运行和操控事物，即世界并不是由较低级的事物引导，而是由更高级的事物主宰。

由于这个问题经常被这样看待，所以也就变成了一个审美偏好之间的分歧。物质是低劣的、粗糙的、愚笨的、污浊的，而精神是纯洁的、崇高的、尊贵的。如果要把那些看起来更优越的事物置于至高无上的地位上才能和宇宙万物的身份、尊严更一致，那么精神就不得不成为宇宙中的支配性原则。理性主义最大的失败是把抽象原则当作定局，在它的面前我们的理智可以在一种令人羡慕的状态下沉思休息。唯心论，就像通常认为的那样，可能只是对一种抽象事物的赞赏，对另一种抽象事物的厌恶。我记得有一位值得尊敬的唯心论教授总是把唯物主义称为“糊涂哲学”，并认为由此可以驳倒它。

对于这样的唯心论，斯宾塞做了一个简单但有效的解答。在他的《心理学》第一卷卷尾写得很精彩的几页中，他向我们指出“物质”是极其微妙的。就像现代科学解释物质时假设的一样，“物质”以一种不可思议的速度巧妙地运动，没有留下一丝粗劣的痕迹。他指出，就像我们凡人构建的一样，精神概念本身太粗略，根本没法涵盖自然界精致细微的各个事实。他说，物质和精神两个术语只不过是符号而已，指向的是一个未知的现实，而在这个未知的现实中，它们的对立终止了。

想要反对一个抽象概念，用另一个抽象概念足矣。那些反对唯物主义的人视物质为粗劣之物，到目前为止，斯宾塞已经从根本上驳斥了他们。物质的确是无限奇妙和不可思议地微妙的。对那些曾经见过一个死去的孩子或者父母脸庞的人来说，物质竟然会以一种珍贵的形式静止，仅仅这个事实就足以让物质永远成为庄严、神圣的东西。生命的原则到底是什么并不重要，物质的抑或非物质的，都以其特有的速度参与并实现所有生命的目的。刚才我所说的挚爱的化身，就是物质万千可能中的一种。

现在，与其以理智主义的方式停留在原则之上，不如让我们用实用主义的方法来讨论这个问题。我们所说的物质到底是什么意思？现在的世界是由物质支配还是精神运作，它们究竟有什么实质性的区别？我想伴随着这个问题我们会发现的是它们相当不一样的性质。

首先，请你注意一个奇怪的事实。就世界过去的运转来说，无论我们认定这个世界是由物质主宰还是以神圣的精神支配，都没有丝毫差别。

想象一下，世界上所有的一切都已经是一成不变的。假设这个世界突然在某个瞬间结束了，失去了未来，然后让一个有神论者和一个唯物主义者用对立的看法解释世界的历史。有神论者会指出上帝如何造物，而唯物主义者会用同样的努力证明世界是怎样经由看不见的物质力量中产生出来。然后让实用主义者从这两种理论中做出选择。既然世界已经形成，实用主义者又怎样使用他们的方法来检验呢？对他们来说，概念是要回到经验中去的东西，也是我们用来寻找差异的东西。如果按照我们上面的假设，根本就没有什么经验，也没有能寻找到的差异。那么根据我们的假设，这两种理论都已经表明他们的结果是相同的。于是，实用主义者就会说，这两种理论虽然名称不同，却是完全相同的东西，这种争论纯属口头之争（当然，我不认为这两种理论都成功地解释了世界究竟是什么）。

请认真思考并回答：上帝存在的价值是什么？如果真的有上帝，他已经完成了造物这项工作，他创造的世界也在运转，那么他的价值不会超过这个世界的价值。虽然他的创造力已经达到了这个结果，但因为其中掺杂了攻击和缺陷，他的创造不会走得更远。因为没有未来；因为整个世界的价值和意义已经在过去得到了回报和体现，现在和它一起走向终结；因为它没有准备从未发生的事情中吸取额外的意义（比如我们真实的世界）；那么，我们为什么不能用它的尺度来衡量上帝呢？上帝是能够一劳永逸地创造世界的神；因此我们感激他，但也仅此而已。但是现在，根据相反的假设，即按照他们的规则，如果这些小事可以使世界变得不那么重要，那么是不是应该感激他们？如果我们把上帝当作一个假设，让物质独自承担责任，那么我们应该遭受损失吗？哪里会有所谓的木讷和粗俗？如何使经验一如既往地将上帝的存在表现得栩栩如生、更加丰富？

坦率地说，要回答这个问题是不可能的。无论按照哪一种假设，实际上人们体验到的世界在细节上是相同的，正如布朗宁（Browning）所说，“无论褒贬，都一样”。世界就在那里存在着，不可能被取消，就像一个礼物，送出去就不能再收回了。把物质称为产生世界的原因不能减少任何一个构成它的成分，把上帝称为世界的原因，也不会增加这些成分。他们分别是造成这个世界的上帝和原子，和其他的世界无关。如果上帝在做原子可以做的事情，体现原子的性质，那么就可以说除了获得原子应得的感谢外，什么也没有，一样不多一样不少。如果上帝的存在没有对这场表演带来任何不同的转折，那么他也一定不会给它增加什么尊严。因为原子是舞台上唯一的演员，所以当上帝被贬低，这份侮辱也不会平添到原子本身。当一场表演结束，大幕落下，你即使夸赞该剧的作者是个天才，或者骂他是个三流作家，都不会使这场表演变得更坏。

因此，如果从我们的假设中推断不出未来经验或行为的细节，那么唯物主义和有神论之间的争论也就非常缥缈和无足轻重。在这件事情上，物质和上帝意味着完全相同的东西，即不多不少，刚好可以创造世界的能力，以及一位不去理睬外界舆论的知者。相应地，对于这种从中看不到任何明显的可以遵循结果的哲学争议，很多人出于本能会转身离开，而一些实证主义者和科学家会认真思考后才转身离开。哲学的咬文嚼字和侃侃而谈的特质，无疑是一种我们所熟知的谴责。如果实用主义是真实的，那么它就是完全的谴责，除非证明那些受攻击的理论有无可替代的实际结果，可以不管那些理论是多么的微妙和遥远。普通人和科学家说他们没有发现这样的结果。如果形而上学者也分辨不出来结果，那么其他人肯定是正确的，因为与他对立。因此他的知识和技巧是华而不实的、琐碎的，给这样的人教授头衔也就是愚蠢的。

因此，在每一次真正的形而上学的争论中，都包括一些实际问题，无论它们是否具有预见性。要认识到这一点，我们就要一起回到这个问题上来，而且这一次请你把自己置于你所生活的世界里——放在这个有着未来的世界里——这个我们说话时还尚未完成的世界。这个未完成的世界，“到底是信奉唯物主义还是有神论”，这个非彼即此的问题是非常实际的问题，而且也值得我们花时间去探个究竟。

迄今为止，世界是由原子盲目地根据永恒定律运动所构造的，还是根据上帝的旨意在运作的呢？两者对我们来说有什么区别？就以往的事实而言，确实没有什么区别。那些事实是已经存在的，是确定了的，是既成的，无论事实是原子还是上帝，我们已经从其中获得了好处。因此，许多唯物主义者在关于今天的我们到底是谁这个问题上，他们完全忽略这个问题的未来和实际方面，设法消除人们对唯物主义这个词的厌恶，甚至要消灭唯物主义这个词。他们认为，如果物质可以产生所有的这些效果，那么从功能上来说，物质可以是一个神圣的实体，事实上，同上帝结为一体的神圣实体，就是你所指的上帝。这些人建议我们不要用他们华而不实的对立词。一方面用一个没有宗教意义的术语；另一方面则用一个不低俗的、不粗糙的和不文雅的术语。不要再说上帝和物质了，让我们谈谈神秘能量和唯一的力量的奥秘——原始奥秘。这也是斯宾塞敦促我们采取的方法。如果哲学完全可以倒回去，那么斯宾塞就可以宣称自己是一个优秀的实用主义者。

但是哲学也是展望未来的。在知道了世界是什么、做什么、产生了什么后果之后，还有另一个问题，即“世界还预示了什么？”假如给我们一种预示着成功的物质，它受规律的支配引导我们的世界趋向于完美，那么任何一位理性的人都会像斯宾塞崇拜他所谓的不可知的能量一样毫不犹豫地追捧它。它不仅创造了目前的正义，而且还会有利于永久的正义，这也是我们所需要的全部。事实上，神所能做的一切，等同于上帝，它的功能就是神的功能，且在一个神现在是多余的世界里被施加着。在这样一个世界里，谁也不会因为没有上帝而感到不安。在这里，“宇宙的情感”就成了代替宗教的正确名称。

但是，难道让斯宾塞的宇宙进化过程得以进行的这种物质就是永不结束的完美法则？实际上根本不是。根据科学的预测，每个宇宙进化的事物或者事物体系的未来结局都将是死亡和悲剧。而斯宾塞在争议中局限于自己的审美忽略了实际方面，对消除这种悲剧没有作出过任何有用的贡献。但是，假如现在运用我们的实际成果原则，就会看到唯物主义和有神论的问题具有多么重要的意义。

如果我们对经验进行追溯，就会发现唯物主义和有神论没什么差别，但是如果我们展望未来，就会发现两者是完全不同的。因为按照机械进化论的物质和运动的再分布规律，尽管我们肯定会感谢生物体曾经给我们带来的所有美好时光，以及我们现在思想构成的所有理想，它们注定会重做或者重新解决它们曾经进化的东西。人们都见过进化科学预测到的宇宙最后的状态，贝尔福（Balfour）先生说的再好不过：“我们宇宙体系中的所有能量将会衰退，太阳的光辉将会暗淡，地球变得风平浪静、毫无生机，并且它也不再容忍那些曾经扰乱它宁静的物种。人类将陷入深渊，他们的思想也将毁灭。在这个灰暗的角落，一个短暂的空间打破了宇宙的沉默，所有的焦虑不安将会安息。‘永久的丰碑’，‘不朽的事迹’，死亡本身和比死亡更强大的爱，都好像从来没有发生过。从数代人那里传承下来的劳动、天赋、献身和苦难，好的、坏的，都将不复存在。”

这就是它的问题所在：在宇宙天气的变幻莫测中，虽然出现了许多宝石般的海岸、很多迷人的云朵飘过天空，只是为了人类的喜悦，它们就像我们现在世界的徘徊不定一样，逗留了很久才消失。然而，当这些转瞬即逝的东西彻底消失时，什么也没有留下，没有任何残留物能体现它们曾经被人记住的特质和珍贵成分。它们从一个球体和生存空间里完全死亡并消失。没有回音，没有记忆，不影响任何可能出现的事物，让它去关心类似的事例。这种彻底的最后的残骸和悲剧，是目前为止人们所理解的科学唯物主义的精华。我们肯定可以看到，这种更低而不是更高的力量是永恒的力量，或最后幸存力量的唯一循环演变。斯宾塞和其他人一样坚信这一点。真正令我们惆怅的是，他们为什么要和我们争辩，就好像我们对“粗俗”的物质运动和哲学原理有愚蠢的审美异议一样呢？

对唯物主义的真正反对不是积极的而是消极的，现在来抱怨它为什么粗俗就显得很滑稽了。我们现在知道，粗俗是由粗俗的东西创造的。相反，我们抱怨是因为这不是我们更理想的利益的永久保证，而是我们渺茫的希望所在。

另外，在机械的哲学中，上帝这个概念虽然没有数学概念清楚，但它至少有这方面的实际优势可以保证永久运行的秩序。一个有上帝在最后时刻说话的世界也许真的会燃烧或冰冻，但我们知道上帝会仍然惦记以前的思想，一定会把这些思想带到别处开花结果。因此，有上帝的地方，悲剧往往是临时的、局部的；沉船和解散不是绝对的、最终的事情。我们的内心深处追寻永恒的道德秩序。像但丁（Dante）和华兹华斯（Wordsworth）这样的诗人，活在这样一个道义的信念下，所以他们的诗句中有慰藉的力量和非凡的赞美。所以，唯物主义和有神论的真正意义就是这些不同感情的实用的诉求，用不同的方式来表达我们的期望和失望，以及其落差所产生的微妙后果，而不是仔细剖析物质内在的本质和形而上学的性质。唯物主义否定秩序是亘古不变的，并且忽略我们的终极希望。有神论则肯定永恒道义的存在，并且坚信着希望。任何意识到这种道德秩序的人都认同这是问题的症结所在，而且还会提出严肃的哲学辩论问题。

但是我们中的有些人可能仍然会为他们辩护。即使承认唯物主义和有神论对世界的未来做出的不同预言，但是你自己可能对这些差异不以为然，把它们看成遥不可及的东西，因此对于一个神志清楚的人来说就显得毫无意义。有人可能会说，神志清楚的关键就是把眼光放短一点，不被那些有关世界终结的幻想所困扰。如果你这样认为的话，那我只能说，你没有公正地看待不确定性。宗教的忧伤不是给扣一个精神错乱的华丽帽子就能处理掉的。绝对的事情、最终的事情、重叠的事情才是其所关切的事情。所有优秀的人都在认真看待这些事情，而目光短浅的人只能代表那些更肤浅的人的想法而已。

当然，我们对辩论中迫在眉睫的事实问题的了解还是相当模糊的。但是，各种形式的有神论的信仰都涉及一个有希望的世界，而唯物主义的太阳却在一片失望的海洋中落下。请记住我说的有关“绝对事物”的这些话：它给我们精神上的假期。任何宗教观点都给我们精神上的假期。它不仅激励我们更加努力地去工作，而且还给我们带来快乐、无忧无虑、满怀信任的时刻，并且证明它们是正当合理的。显然，这种正当合理的根据是相当模糊的。我们相信上帝会拯救未来这个事实的确切特征，将不得不被没完没了的科学方法解码论证。我们只能通过研究上帝的创造物来研究上帝。但是，在开工之前，如果我们相信有一个上帝存在的话，那就可以享受上帝赐予我们的快乐。我本人相信上帝存在的证据主要在于个人的内在经历。你一旦相信你的上帝，那么上帝这个名字至少意味着假期的好处。大家应该还记得我之前讲的关于真理相互冲突、相互击败对方的方式。上帝的真理必须要受到所有其他真理的挑战。它要受到其他真理的考验，其他真理也要受到它的考验。只有当其他真理全都明白了自己以后，我们才能确定有关上帝的最后意见。希望我们能找到一个临时过渡的方法。

现在我们转到一个非常同源的哲学问题上来，即自然界的策划问题。人们认为，从远古时代起的某些自然事实可以证明上帝可能存在过。很多事实的出现就好像是专门设计来适应另一种事实。因此，啄木鸟的喙、舌头、脚、尾巴等，非常奇妙地适合各种各样的树，以及藏在树皮蟒蛸里的虫子——它们的食物。我们眼睛的各个部分完全适合光的定律，引导光纤在我们的视网膜上形成鲜明的图像。人们认为，这种起源不同的事物之间能够相互适应，这也就是说有设计的存在。而设计者则被认为是热爱人类的上帝。

这些论据的第一步就是证明设计的存在。自然界中不乏各种各样的不同事物相互适应的例子。比如，我们的眼睛起源于子宫内的黑暗，而光则起源于太阳，但我们能看到它们之间是如何相互适应的。很明显，它们是为了适应彼此而被设计的。视觉是设计的最终目的。光和眼睛是为了实现这个最终目的而存在的两种不同的手段。

奇怪的是，我们的祖先是如何一致同意这种论据的力量，但是从达尔文学说取得胜利以来，这种论据又显得微乎其微。达尔文打开了我们的眼界，使我们知道偶发事件的力量，以及一旦把这些偶发事件叠加在一起，就会产生“适应”的效果。他证明了自然界中因相互不适应而灭亡是多么巨大的浪费。他还强调了适应的数量，很多东西都是一个坏的而不是好的设计师设计出来的。这里，一切都取决于看待问题的角度。从树皮蛴螬里的虫子的角度来看，啄木鸟的身体机制——这个奇妙的设计，能把它从树皮底下挖出来，就足以证明设计者是多么的穷凶极恶。

神学研究者这个时期拓宽了他们的胸襟以包容达尔文提出的许多事实，但仍然用神的目的解释这些事实。这曾经是一个目的论反对机械论非此即彼的问题。就好像有人说："我的鞋子的设计显然是来适应我的脚的，所以它们不可能是机械地生产的。"我们知道，其实两种情况都是对的：鞋子是机械生产的，但也是为了适应脚而设计的。神学只需要把上帝的设计做同样的拓展就好了。由于足球队的目标不单单是把球踢进球门（如果是那样的话，那么他们晚上起来把球放进球门不就好了），而是有一套固定的机制和条件等，即比赛规则和双方球员。所以说，上帝的目的也不仅仅是创造人类并拯救人类，而是通过自然界巨大运转机制的唯一中介作用，完成造物这项工作。倘若没有自然界的巨大法则和反力，那么上帝设计的人类创造和完善，就显得淡然无味了。

这就以失去简单易懂的人性内容为代价，保留了设计论据的形式。设计者不再是人格化的上帝。他的设计已经变得如此巨大，以至于我们人类无法理解。要弄明白它们是什么已经让我们无暇顾及，所以要确定一个设计者相比之下就没那么重要了。我们很难理解宇宙心智的特质，只有将世间具体事物的善恶结合起来，才能揭示宇宙心智的真正目的。或者更确切地说，我们不可能理解它。仅仅“设计”这个词本身根本没有什么结果，也说明不了什么问题。它是一个最空洞的原则。关于是否存在设计者这个老问题是空谈罢了。世界是什么？是否存在一个设计者？这些才是真正的问题所在，只有通过研究自然界的具体特殊事物才能揭示出来。

请记住，无论自然界可能产生了什么或者正在产生着什么，手段必须是充分的，也必须要适应那种产生过程。因此，不管产物的性质如何，都可以频繁使用从适应到设计的这些论据。例如，最近发生的蒙特培雷火山爆发（Mont–Pelee Eruption），需要了解以前的所有历史，才能解释为什么毁坏的房屋、人和动物的尸体、沉陷的船只、火山灰等，在这个可怕的地形的某个位置上刚好结合，产生了火山的爆发。法国必须是一个国家，是一个把马丁尼克（Martinique）作为其殖民地的国家。我们的国家要生存就得派船去那里。如果上帝的目的仅仅是这样，那么多少世纪以来，为了这个目的采取的措施都是聪明的决定。无论是自然界还是历史中，我们发现的那些已经实现了的事情都是如此。因为无论结果是混乱的还是和谐的，事物的各个部分必须产生一些确定的结果。看看实际产生的事物，不难发现那些条件往往是为了保证它的产生而完全设计好了。因此，我们总能说，在任何可以想象的世界里，对于任何可以想象的特性，也许整个宇宙机制可能就是为了产生它而设计的。

因此，从实用主义的角度来说，“设计”这个词是抽象的空弹壳，它既不产生任何结果，也不执行任何任务。“什么类型的设计？什么样的设计者？”是唯一重要的问题，研究事实是接近答案的唯一途径。而且在没有得到答案之前，任何坚持认为有一个设计者并坚信他就是上帝的人，从这个术语得到了实际的好处，就像我们从“上帝”“精神”，或者“绝对”这些词得到的好处一样。虽然“设计”这个词只是一个放在事物上面或者后面供我们欣赏的理性主义原则，毫无价值，但是如果我们的信仰赋予它某种有神论的东西，那么它就变成了一个有希望的词。将其带入经验之中，我们对未来会更加有信心。倘若支配万物的不是虚无的力量而是真实的力量，那么我们可能会合理地期待更好的事物。这种对未来的模糊信心，是目前对“设计”和“设计者”两个术语能辨别的唯一的实用主义意义。但是，如果宇宙的信心是正确的而不是错误的，是更好的而不是更糟的，那么这就是最重要的意义所在。在这些名词中至少包含许多可能的“真理”。

让我们再看一看自由意志这个经久不衰的问题。大多数相信所谓自由意志的人会按照理性主义的方式看待它。它是一个赋予人正能量和良好品德的原则，它会谜一样地提高人们的尊严。人们应该相信这个理由。否认自由意志的那些决定论者贬低人的作用，认为个人什么也不创造，只是过去宇宙中的全部推力传送到未来过程中的微小的表现而已。去掉这个创造原则，人类也就没那么可钦佩了。我想你们中的大多数人本能地相信自由意志，把它当作一个尊严原则赞赏，这与你们是否忠实于这个原则有很大的关系。

但是，很多人也用实用主义的方法讨论过自由意志。奇怪的是，这两种理论的辩论者都对此进行了同样的实用主义解释。你们都知道，责任问题在伦理学争论中所起的作用有多大。听到了一些人的声音后，人们认为所有的伦理学目标只不过是道德好坏的准则。因此，旧的法律和神学催化剂、对错事和罪过的兴趣，以及惩罚都伴随着我们。“应该责怪谁？”“我们能惩罚谁？”“上帝要惩罚谁？”这些引人深思的问题就像一个个噩梦，超越了人类的宗教历史。

因此，自由意志和决定论都被人们称为谬论，因为在反对者眼中，这两种理论似乎都不能使行善者或作恶者“归责”。这是多么奇怪的矛盾！自由意志意味着不断更新，把过去没有的东西引入其中。“自由意志论者”（libertarian）认为，如果我们的行为是预先确定的，我们只是传递了整个过去的推力，那么，我们怎么能被表扬或受到指责呢？如果我们应该只是一个“受动者”，而不是“主动者”，那么，哪里会有归责和义务可言？

但是，决定论者反驳说，如果我们有了自由意志，哪里会有归责和义务呢？如果“自由活动”是纯粹的新鲜事物，它不是从我（以前的我）而来，而是无中生有，仅仅是强加在我身上的东西，那么我（以前的我）又怎么能负责呢？我怎么会有一个永久的性格，能持续得足够长去接受表扬或惩罚呢？一旦被荒谬的决定论抽去串珠子的绳，那些把我人生中每一天联系起来的一个个珠子就会散落下来，变成毫无关联的散落珠子。弗莱腾（Fullerton）和麦克塔格特（Mc Taggart）在最近的一场争论中坚决地抨击了这个论证。

也许它是有逻辑的、理性地，否则它该多么得可怜。我想问你们，除了其他原因，无论哪个有情感的男人、女人或者孩子，难道不该羞于为尊严或归责的原则辩护吗？我们可以完全信任他们之间的本能和效用，从而进行社会事务的惩罚和赞美。一个人做了好事，我们就该表扬他，相应地，我们应该惩罚做了坏事的人。无论如何，都和这个人的行为是否源于他以前的所作所为还是严格意义上的新的东西有关，与这种理论无关。让人类的道德围绕“功德”是一个可悲的、虚幻的想法——如果我们有功德的话，只有上帝知道。设想自由意志的真正根据的确是实用主义的，但它和这种过去讨论得很热烈的卑微惩罚权没有关系。

实用主义角度的自由意志是指世界上的新奇东西，也就是说，无论在事物最深刻的成分还是在表面现象中，人们都有权利期望未来不会重复或模仿过去。然而，所有的模仿在那，谁能否认这一点？一般的“自然统一性”是每一个较小法则所预设的。但是，也许自然界只是大概一致，那些了解世界过去产生悲观主义的人（或者怀疑世界是否有好的性格，如果这种性格假设是固定的，那么它就是确定无疑的了）自然会欢迎自由意志作为“向善论”（meliorism）的存在。它至少能不断地改善；而决定论向我们保证，我们整个可能性的概念是由人类的无知产生的。而且它们之间的必然和不可能支配着世界。

因此，自由意志和“绝对事物”“上帝”“灵魂”“设计”这些概念一样，是希望的宇宙逻辑论。抽象地讲，这些术语中没有一个有内在的实质性内容，没有任何一个可以给我们图像，它们中的任何一个也不会保留世界最不实用的价值。如果世界只是一个幸福的乐园，那么对我来说，只是存在的得意、纯粹的宇宙情感和兴奋可以满足所有猜测思索的兴趣。我们对宗教形而上学的兴趣源自我们的经验给未来带来的不踏实感，所以需要一些更多的保证。倘若过去和现在完全是好的，那谁还会希望未来和它们不一样呢？谁能渴望自由意志？正如赫胥黎所说，没有人会说“如果让我像钟表那样，上好发条，每天注定正确地往前走，那我宁愿不要自由了”。在一个完美的世界里，“自由”只是意味着更糟的自由，谁会愚蠢地希望那样呢？如果认为世界必然会继续下去，不可能是其他的样子，那么就是对乐观主义的宇宙做了最后的完美接触。唯一可以宣称的理性可能就是事物会越来越好。不用我说，这种可能性正如现实世界一样，是亟待我们给出充分理由的。

自由意志除非是一个安抚人心的学说，否则根本没有意义。因此，它和其他宗教理论一样有自己的一席之地。它们之间要将废墟重建，修葺之前的荒凉。被囚禁在感官经验庭院中的我们的精神，总是对塔上的知者说：“守望者，请告诉我，黑夜是否有希望。”知者因此告诉它这些表示希望的词。

除了这些实际意义外，像“上帝”“自由意志”“设计”等这些词什么都不是。然而它们虽然本身灰暗，抑或被人从唯智主义角度理解，当它们进入我们生活的灌木丛中，灰暗在那里变成了我们的光明。如果你在处理这些词时只是停留在它们的定义表面，认为这就是一个智慧的终结，那么你会在哪里？愚蠢地盯着一个自命不凡的假象！“上帝是存在的，是自由的，是一切事物之外和之上的，是必然的、唯一的、无限完美的、简单的、不变的、伟大的、永恒的智慧”等——这样的定义真的有启示吗？其实，它意味着在华而不实的长袍下，什么也没有。只有实用主义能读出积极的意义，不理睬理智主义的一切观点。“上帝在他的天堂，世上的一切都很好”——这就是你们有神论的真正核心，正因如此，你们不需要任何理性定义。

为什么我们所有人不能像实用主义者一样承认这一点呢？到目前为止，实用主义不会把目光只停留在眼前实际的令人瞩目的事物上，就像别人指控的那样，他会关注那些世界最遥远的观点。

让我们看看所有这些终极问题是如何证明它们的关键性的。回头看看这些原则，对“认识论上的自我”“上帝”“因果原则”“设计”“自由意志”，这些被看作神圣威严的事实，实用主义是如何把重点从后看转移到从前看的。对我们来说，真正重要的问题是，这个世界将会是什么样子？生命最终会成什么样子？因此，必须改变哲学的重心。地球上的事物长期被抛到崇高上苍的影子里，必须得恢复它们的权利了。以这种方式转移重心意味着，哲学问题到目前为止是被抽象思想更少的人处理，而不是在无关宗教的前提下，由那些有更多科学的和个人主义的人来处理。这将迎来一个“权利地位”的改变，这种改变会让人想起新教的改革。从教皇思想的角度来看，新教似乎只是错乱的状态和混乱，毫无疑问，极端理性主义认为实用主义也是如此。在哲学上它似乎完全是一堆垃圾。但在新教国家，生活朝着它的目标按部就班地进行着。我冒昧地认为，哲学上的新教也会达到一个类似的繁荣。

第四讲
一与多

“世界是一”，是一个由许多确定的联结统一起来的整体。但绝不是我们发现的那些不关联组成的统一。因此，可以分别命名“一”和“多”。它既不是一个纯粹简单的一元宇宙，也不是一个纯粹简单的多元宇宙。

第三讲我们学习了实用主义方法，并且知道它不是以欣赏的沉思结束的，而是在处理一些具体概念时，引领它们到经验之中，以它们为手段拓展了这些概念。“设计”“自由意志”“绝对思想”“精神”而不是“物质”，它们唯一的意义是对这个世界的结果有更好的承诺。不管它们是真是假，它们都指向向善论。有时我想起一种叫“全反射”的光学现象，可以用来表示实用主义构想的抽象概念和具体现实之间的关系。假设你把一大杯水举到略高于眼睛的位置，透过水看它的表面，或者用同样的角度看鱼缸的表面，就会从容器的另一面看到一个特别精彩的反射图像，比如蜡烛的火焰或者其他清楚的东西的反射图像。在这种情况下，蜡烛的射线不会穿过水面，每一种射线都从原路返回。现在我们把可感知的真实世界比作水，把那些抽象概念比作水上方的空气。当然，两个世界都是真实的，也是相互影响的，但是它们只在交界处相互作用。就我们充分体验到的来说，发生这一切的场所以及我们可以触碰到的是水。我们就像畅游在感官海洋里的鱼，被我们上面的高级元素禁锢、约束着，但是呼吸不到这种纯粹的高级元素或者无法穿透它。我们不断地从中获得氧气去触碰它，我们一会儿从这碰碰它，一会儿从那碰碰它，每次触碰完马上又钻回到水里去，我们的活动进程被重新确定并获得能量。同样，空气代表的抽象思想是生活不可缺少的，但它们不能自主呼吸，只有重新安排活动的作用。所有比喻都不是绝对的，但我喜欢这个比喻。它表明，有些东西本身可能不足以决定生命，但是在其他地方却对生命起着有效的决定作用。

接下来的一个小时，我想用更多的实例来解释实用主义方法。我想谈谈“一与多”这个古老的问题。我想你们中很少有人会因为这个问题夜不能寐，如果有人说从来没有被这个问题困扰过，我也不会感到惊讶。但我自己长期思考着这个问题，并认为它是所有哲学问题中的最核心。之所以说它是最核心的问题，是因为它意义深远。我的意思是说，如果你确定一个人是“一元论者”（monist）或者“多元论者”（pluralist），那么你就会知道比这个“主义者”头衔更多的有关它的其他想法。相信“一”或者“多”，是对最大数目结果的分类。所以，给我一个小时，让我慢慢试着用我自己对这个问题的感悟启发你们。

人们往往把哲学定义为对世界统一性的诉求或愿景。我们很少听到过有人对这个定义质疑，迄今为止它是真实的，因为哲学的确展现了高于一切兴趣的统一性。但是事物的多样性呢？事物的多样性是无关紧要的吗？如果不用哲学这个术语，我们通常在谈论我们的智慧和需求时，就会发现统一性只是智慧和需求之一。人们常常了解事实的细枝末节并把它们归为某种系统，被看作精神伟大而不可或缺的标志。你的百科全书式的、语言学类型的“博学思想”以及本质上的学识渊博，从来都是和哲学家一样受人称赞。我们的理智实际追求的既不是单纯的多样性也不是单纯的统一性，而是整体性。在这一点上，认识现实的多样性和理解它们的衔接同等重要。人们的好奇心和系统化的追求是相互融会贯通的。

即使这是一个明显的事实，人们还是认为事物的统一性比多样性更重要。当一个年轻人第一次想到，整个世界在和其他部分相互结合的过程中形成了一个伟大的事实，他会觉得他似乎有一种超凡的洞察力，并骄傲地无视那些认识不到这种伟大概念的人。当我们第一次这样抽象地思考问题时，就会发现一元论是如此模糊，以至于根本不值得去理智地捍卫它。然而，在座的每个人也许都在某种程度上珍爱着它。某种抽象的一元论，对统一性的某种情感反应，似乎成了不能与这个世界和睦共处的特征，但更优秀和更卓越的是它在有教养的圈子中是非常普遍的，以至于我们几乎可以称它为一种哲学常识。当然，我们说这个世界是“一”。否则怎么除了它再没有其他世界呢？经验主义者和理性主义者一样，都是坚定的抽象一元论者。

所不同的是经验主义者更少炫耀它。统一性既没有蒙蔽他们的心灵，使他们无视其他一切，也没有浇灭他们对其他特殊事情的好奇心。但是有一种理性主义者，他们一定会解释抽象统一性的神秘而忘掉其他一切，把它当作一个准则来看待，赞美它、崇拜它，于是造成理智上的完全停滞。

“世界是一！”这个公式可能成为一种数字崇拜。“三”和“七”肯定都会被视为神圣的数字，那么，抽象地说，为什么这个“一”比“四十三”或“二百万零十”更优秀呢？在世界统一性最早的模糊概念中，我们几乎不知道我们所指的是什么。

让我们的观念前进的唯一途径就是实事求是地对待它。承认统一性的存在，结果会产生怎样不同的事实？统一性会因什么而出名？世界是一，没错，但是是怎样成为“一”的呢？这个“一”究竟对我们有什么实际价值？

问这些问题的时候，我们从含糊到明确，从抽象到具体。让我们来看看，用来决定宇宙的“一”的很多不同方式是如何起到重要的作用。我会依次列举比较明显的方法。

第一，世界至少是一个论述性的主题。倘若世界的“多”是如此的无法挽回，以至于不容其他部分有任何的联合，甚至我们的思想也没法“意指”这个整体，就像眼睛不能同时朝相反的方向看去一样。但事实上，我们的意思是用抽象术语“世界”或“宇宙”去涵盖这一切，这就明确意味着不该漏掉任何部分。这种论述的统一性没有一元论进一步的具体含义。曾经命名的“混沌世界”（天地未产生之前的）在论述上和“宇宙”这个词一样具有统一性的意义。奇怪的是，许多一元论者听到多元论者说“宇宙是多”时，会认为他们的一元论在这方面获得了重大胜利。“宇宙”暗笑说“他的言语背叛了他，他亲口承认了自己是一元论者”。好吧，我们暂且把事情当作这个层面的“一”吧。因此，你们可以用“宇宙”这个词来概括它们全部，但这有什么关系呢？事物是否是更进一步或更有价值的“一”，还有待确定。

第二，它们是连续的吗？你可以从一个事物转到另一个事物，永远保持在同一个宇宙中，而不会有掉下来的危险吗？换句话说，宇宙的各个部分是凝结在一起的而不是一粒粒分开的沙子吗?

即使是沙子，也是通过存放它们的空间联结在一起的，如果你能以某种方式穿越这个空间，就会连续地从第一粒沙子走到第二粒沙子。因此，空间和时间是使世界各个部分悬挂在一起的连续媒介。对我们来说，这些形式的联结实际上区别很大。

第三，事物之间有无数实际的连续方式。我们可以找到很多条把事物联系在一起的影响线。顺着这些线，你可以从一个事物转移到另一个事物，直到走遍宇宙的大部分范围。重力和热传导就是物质世界里的全部联系影响线。电、光和化学作用遵循类似的影响线。惰性和非传导性物体会阻断这种连续性，因此，如果有一天你要去更远的地方就得绕过它们或者改变你的路线，这种情况下，由最初的影响线构成的宇宙统一性就被你打破了。

关于具体事物和其他具体事物之间的关联方式真是数不胜数。这些关联中的任意一种的效果形成了它们之间相互关联的系统。因此，人类由一个庞大的被称为相识网络的体系相互连接着。布朗认识琼斯，琼斯认识鲁滨孙等，并且你通过正确地选择一个更远的中间人，可以把信息从琼斯传递给中国的皇后或非洲俾格米人的首领，或者这个世界上任何地方的人。但是在这个实验中一旦你选择了不正确的人，那么这种传递就会像遇到非导体一样被搁浅。被称为“爱”的系统也可以移接到这个熟人系统上，比如甲爱（或恨）乙，乙爱（或恨）丙等。但是这个“爱”的系统要比它们所依据的熟人系统要小。

人类的努力，每天都以越来越明确的系统方式统一世界。殖民地、邮政、领事、商业等系统，它们的所有部分都遵循一定的影响，但这种影响不涉及系统外的事实。结果就是，世界各个部分以无数小的联系串联成更大的联系，这些小世界不是以论说的形式而是以运动的状态存在于更广阔的宇宙中。每个系统都体现了某种类型或等级的联合，其部分均贯穿着这种特殊的关系，而且同一部分可能会出现在不同的关联体中，就如同一个人可以拥有几个办公室或隶属几个不同的社团。因此，从这个“系统”的角度来看，世界统一的实用主义价值就是，所有这些具体的关联真实地存在着。有的涵盖更多更广泛的东西，有些包含的东西较少。但是它们都相互叠加，而且它们之间任何一个基本的部分都不会被漏掉。虽然，事物之间不相关的例子也是举不胜举（因为这些系统影响和关联严格遵循专属路径），但是只要你能正确选择路径，那么所有存在的东西在某种程度上都会受到其他事物的影响。简单来说，所有东西都是以某种方式互相连接和彼此依存的，并且天地万物皆以网状、链状的形式存在，从而成为一个连续或整合的东西。到目前为止，任何一种有助于世界成为“一”的因素都在互相影响。所以，你可以说“世界是一”从很多方面来讲，是指事物转移的影响所能达到的方面是相同的。然而，正如绝对事物不只是一个，有时事物之间没有达到转移的影响，世界就不是“一”。所以，如果你没有选择导体而选择非导体，那就没有一种物种的联结不遭到失败。你在迈出第一步的时候就停下了，而且需要从一个特定的角度来说，只能说世界是“多”。如果我们的理智对分离也有同样的兴趣，那么哲学也同样认可世界的不统一。

请大家注意一个重点，在这里“一”和“多”是完全和谐共处的。没有谁比谁出现得早、谁是必需或谁更卓越。正如空间中没有哪一种分离完全与统一相同，有时候是这个功能更多，有时候是另外一种功能更多。在我们处理世间的种种影响时，有时需要导体，有时需要非导体，真正的智慧就在于明白什么时候该用哪一个。

第四，人们都可以在世界因果统一的普遍问题下，列出所有这些影响或不影响的体系来。如果事物之间的次要因素影响汇聚到过去的一个共同起因上，那么所有事物的首要起因可能就是绝对的世界因果统一。传统哲学认为上帝在创造之日的法令是一个绝对的原因和起源。“先验唯心主义”（transcendental idealism）把“创造”转化成“思考”（或思考的意愿），把神的法令说成是“永恒”行为，而不是“最初”行为，但“多”的联合在这里还是绝对的——除非有“一”，否则不会有“多”。与一切起源是统一的概念相对立的是一个永恒存在的多元主义概念，认为这种永恒存在的“多”是以原子形式或某种精神单位存在。这种选择无疑有实用主义意义，但是，就这个讲座而言，我们最好还是把这个起源的统一性问题暂时放下。

第五，就实用主义而言，事物之间获得的最重要的一种结合是它们的同类。事物都以不同的种类存在，每一类都有很多样本，而这个“类”对这个样本表示的意义与对同一类别中的其他样本的意义相同。我们可以很容易地设想，世界上的每一个事实可能是单独的，即它和别的事实不一样，是它所属类别中的唯一。那么在这样一个很多单独事物组成的世界里，我们的逻辑是没有用的，因为逻辑是通过对单一实例的预测来断定适用于同类其他的意义。世界上没有两个完全一样的东西，我们不应该用过往的经验解释未来的经历。因此，事物中很多同类的存在，也许是对“世界是一”的最重要的实用主义解释。如果可以把所有的事物毫无例外地归入一个总类，那么就达到了绝对的种类统一。“存在”“可能的事情”和“经验”这些词就可以用来放在这个总类的位置上。这些字眼所表达的选择是否有实际意义，这是另一个问题，我们暂且不讨论它。

第六，另外一个关于“世界是一”这个词的说明就是“目的统一”。世界上很多的东西都具有共同的目的。所有人工系统，行政的、工业的、军事的以及其他系统都以其控制目的而存在。每一个生命都在追求自己独特的目的。他们根据自己的发展程度以集体或种族的目的相互合作，这样，较大的目的包含较小的目的，直到可以设想达到为所有事物服从的一个绝对唯一——这个最终的关键性目的。不用说，表面现象和这种观点是矛盾的。正如我在第三讲中所说，也许任何结果是事先提出的，但是据我们所知任何一个结果的细节都不是提前设置好的。人类和所有国家都以富有、伟大、美好这些模糊的概念开始。他们所遇到的都是与以往不同的未知的偶然。因而对一般目的的具体说明必须每天改变。无论最终达到的结果比原本设想的更好或更差，它总是更加复杂、更加不同。

我们的目的有时也是相互冲突的。当一个目的不能瓦解另一个目的时，它们便相互妥协，而结果也是不同于任何事先设想的目的。大概来说，大多数设想的目的是可以获得的，但是一切足以证明我们的世界从目的性上来说是不完全统一的，仍然试图把统一安排得更好。

那些主张绝对目的论统一的人认为，假若宇宙的每个细节对唯一一个目的有帮助的话，那么它就太武断了。由于我们对世界各部分冲突利益的认识变得更加具体，教条的神学家们发现这个唯一的关键目的越来越不可能实现。我们的确发现，某些恶行有助于更远处的善行，苦味使鸡尾酒更好喝，一些危险或困难让我们愿意努力。我们可以大概将这一点归纳为，宇宙中所有的邪恶都有助于其更完美。但是，我们看到的邪恶范围实际上都超过了所有人类的容忍度。布拉德雷（Bradley）和罗伊斯作品中的先验唯心主义没有超过《约伯记》——上帝的做法不是我们的做法，所以我们还是别说的好。一个对这么多的恐惧津津乐道的上帝，才是一个人类不可诉诸的上帝。他有很强的活力。换句话说，和他的一个目的一致的“绝对物质”，不是常人心目中有人情味的上帝。

第七，事物中获得的审美统一和思想上的统一很相似。就好像在讲故事，事物的各个部分很明显联结在一起，逐渐到达一个顶峰。回过头看，我们发现虽然没有明确的目的支配一连串的事件，但是这些事物从开始、发展到结束都以戏剧性的形式存在。实际上，所有故事都有结束的时候，而且这里人们会更自然地采取“多”的观点。世界上充满了相互平行的故事，它们偶然开始，偶然结束。在其他地方，它们相互交错，互相干扰，但是我们不能完全在心里统一它们。在讲述你的生活史时，我就得暂时把我的注意力从我身上拿掉。即使双胞胎传记的作家，也必须交替描述，让读者了解双胞胎各自的成长轨迹。

因此，那些认为全世界在讲唯一一个故事的人，无疑是一个教条的一元论主义者。从多元主义角度，人们很容易把世界当作一条绳子，每一个纤维都讲述着一个独立的故事。但是，要把绳子的每个横截面作为一个绝对单一的事实，把整个纵向系列归纳为一个生活不可分割的生命是很难的。这里，我们可以借助胚胎学的类似例子来理解。显微镜下我们可以看到一个胚胎的成百个横剖面，可在脑海里要把它们组成一个立体的完整胚胎。但是，世界上的很多重要成分，就像绳子和纤维的存在一样，横向是不关联的，它们只是纵向上的联结。顺着此方向看，它们是“多”。即使是胚胎，随着器官的发育，我们必须依次研究每一个器官的历史。所以说，绝对的审美结合仅仅是另一个抽象的理想。与其说世界是一部戏剧，倒不如说它是一部史诗。

到目前为止，我们可以看到世界是如何由许多系统、不同种类、多种目的和多出戏剧统一起来的。而统一的方式远比真正出现的方式要多。有一个合理假设，认为世界是高于这一切系统、种类、目的和故事的一个统一，但是我在这里所说的是，在没有找到更多证据的情况下，教条地肯定这个假设，无疑是轻率的。

第八，在过去的一百年里，伟大的一元论概念工具一直是一个唯一知者的概念。“多”以及思想的对象存在——一直以来仿佛存在于他的梦想中，正如人们所知，这些对象有一个目的，形成一个系统，讲一个故事，这个所有思维统一的概念是理性哲学最伟大的成就。就像公知所定义的，那些相信绝对的人往往会说，他们之所以这么做是迫于那些冷静的思想家无法回避的原因。绝对有深远的实际后果，我在第二讲提到过一些。许多对我们来说很重要的区别一定会顺从它的真实。与其说我不可能在这里阐述这个存在的所有逻辑证明，还不如说我认为没有一个是合理的。所以，我只能把这个公知概念当作一个假设，一个逻辑上完全和多元主义观念对等，即没有哪个观点和现存的信息可以一下子看出整个宇宙的内容。罗伊斯教授曾说：“上帝的意识造就了一个完整的光亮透明的有意识时刻”——这是理性主义坚持的理性统一类型。可是，经验则满足于人们熟悉的那一类理性统一。但是已知可能最后会同某种其他事物一起被某个知者所知，它们中最大的已知就是我们还不知道所有一切，甚至知道他一下子不可能就知道他现在所知道的东西，因为这些很容易被忘掉。无论获得哪种类型，世界仍然是一个纯粹理性的宇宙，知识融会贯通其多个部分，但是在一种情况下，知识是绝对的统一，在另一种情况下，它会被串联或者重叠。

瞬间或永恒认知者这个概念——这两个词意味着同样的东西——都是我们时代伟大的理智主义成就。它实际上逐出了早期哲学家们所提到的完成很多统一工作的“物质”概念。这种本身就存在于自身之中的普遍物质，很多经验特例只是物质所支持的形式。物质概念已经屈服于英国学校的实用主义批评。它现在似乎仅作为事实的代名词，它们以编组或连贯的形式出现，我们这些有限的知者认为它们在一起。这些形式的结合和它们所连接的条件一样是经验结合体的一部分。这是一个伟大的实用主义成就，现代的唯心主义以直接表现出来的形式统一世界，而不是以幕后一个不可想象的原则从世界各个“固有”的部分绘制统一——无论意味着什么。

因此，就像我们感受到它们是相互连接的一样，“世界是一”是一个由许多确定的联结统一起来的整体。但绝不是我们发现的那些不关联组成的统一。因此，可以分别命名“一”和“多”。它既不是一个纯粹简单的一元宇宙，也不是一个纯粹简单的多元宇宙。“一”所表示的不同方式需要加以准确地定位，还需要从许多科学工作中得出。因此，实用主义问题“什么是已知的‘一’？其实质性的不同是什么？”作为一个崇高的原则，它将我们从所有狂热的兴奋中解救出来，让我们保持一颗冷静的头脑在经验之河前行。它比我们现在所推测的更能揭示许多连接和统一，但是我们无权在任何方面预先要求绝对的“一”。

我们很难看清绝对的“一”意味着什么，也许你们中大多数人对我们现在所处的清醒态度感到满意。然而，你们中可能有一些激进的一元论者，不愿意把“一”和“多”同等看待。不同等级的联合、不同类型的联合、非导体之间的联合、只是从上到下的联合，还有那些许多情况下只是表象而非内部的联合，简而言之，一连串东西的联合，所有诸如此类的事情在你们看来都是一个中途阶段的想法。那些你们认为必须更深刻的优越于“多”的“一”，必然是世界更真实的一面。你们肯定认为，实用主义观点给我们一个不完全合理的宇宙。真正的宇宙必须形成一个无条件的合体，各个部分相互错综交织。只有这样，我们才能认为宇宙是完全合理的。

毫无疑问，这种“超一元化”（ultra-monism）思维方式是什么，对很多人来说它意义重大。“一个生命、一条真理、一段爱情、一则原理、一件善行、一位上帝”——我从今天邮局送来的基督教科学箴言引用这些词——没错，这样的信仰忏悔有实用主义的情感价值，“一”字和其他词贡献的价值一样。但是，如果我们试图理性地认识到这么多的“一”意味着什么，那么我们就会再次被带到实用主义的决定方法上去。它指的要么只是字面意义上的“一”、一个话语层面的“一”；要么是所有确定的特殊联结或串联的总和；要么是一个联合的包容者，如一个起源、一个目的或者一位知者。事实上，它经常指那些传递智慧的知者。他们认为知者就包括其他形式的联合。他的世界的各个部分共同牵连交错在一个逻辑的、美学的、有目的的作为他永恒的梦想的图像里。

然而，我们无法表现关于知者的绝对清晰的图像，因此我们只能假设某些有权威的人毫无疑问地相信绝对一元论，并且总着迷于此，这种权威的力量与其说来自知者，不如说来自神秘的原因。只有“神秘主义者”（mystic）能够彻底解释绝对一元论。历史上所有神秘状态并不总是产生和保持一元论的观点。这不是讨论神秘主义这个话题的恰当时机，但是我会引用一个神秘主义宣言来表达我的意思。所有一元论体现的典范是印度的“吠檀多哲学”（Vedanta Philosophy），吠檀多主义传教士的典范是几年前访问过我们海岸的已故斯瓦密·维韦卡南达（Swami Vivekananda）。吠檀多主义的方法是神秘主义方法。不要进行推理，你只要经过一定的修炼就会看到，而后道出你所见的真理。维韦卡南达在一次演讲中就这样说道：“一个人若看到宇宙合一……生命合一、万物合一，哪里还有什么痛苦？”这种人与人之间的分离、男女之间、亲子之间、国家之间、地球和月亮之间、月亮和太阳之间以及原子和原子之间的分离实际上是一切痛苦的根源，但是吠檀多认为这种分离不存在，不是真的，它只是表象而已。事物的核心仍然是统一。深入事物的内部，你就会发现这种统一是不分性别、不分长幼、不分种族、不分高低、不分贫富、不分人神的统一。如果你深究，就不难得出，其实一切都是统一的，动物也是如此。那些经过训练到达这个状态的人不会再有什么困惑，他哪里会有什么不解？什么能迷惑得了他？他知道万物的真相，也知道一切秘密。他还有什么痛苦？他还想要什么？他探索万物的真实直到上帝这个万物的统一的中心，那就是永恒的极乐、永恒的知识和永恒的存在。无论是死亡还是疾病，悲伤或是痛苦，还是不满……都在事实中心不存在，没有人为之哀悼，也没有人为之惋惜。他已渗透在一切中，这个纯洁的、无形的、无体的、无污的、纯粹的“一”，他这个知者、伟大的诗人、自我存在，他给每个人他们所应得的。

从这里可以看出一元论的性质是多么彻底。“一”不仅克服了分离，而且还否认了存在。这里没有“多”。我们不是其中的一部分，它没有部分；不可否认的是，从某种意义上讲我们每个人都是不可分割和完整的“一”。一个绝对的“一”，而我就是那个“一”——当然，我们这里有一个宗教，从情感角度考虑，具有很高的实用主义价值；它赋予了完全的安全保障。正如维韦卡南达在另一个地方说道：“当人类把自己当作是和宇宙无限存在的‘一’时，当所有的分离都消除，当所有的男人女人、所有的天使神灵、所有的动植物……宇宙万物都融为一体时，那么所有的恐惧将不复存在。还怕谁呢？我会伤害我自己吗？我会杀了我自己吗？我会弄伤我自己吗？你害怕你自己吗？这时所有的悲伤都会消失。什么能使我悲伤？我是宇宙统一的存在。这时所有的忌妒都统统消失了。谁让你忌妒？是忌妒自己吗？这个时候，所有不好的情感都消失了。我会讨厌谁？我是厌恶我自己吗？这个宇宙中除了我自己，什么都没有……消灭这个分化，消除这种对‘多’的迷信。他就是在这个‘多’世界里看到‘一’的人；

他就是这个冷血的人眼里有感情的人；他就是在这个阴暗世界里抓住现实的人；对他来说永恒的和平属于他，不属于其他人，绝不属于别人。”

我们都会欣赏一元化的音乐，它既培养情操，又慰藉灵魂。我们心里至少都倾向于神秘主义。当我们的唯心主义者列出证据为绝对辩护时：任何对结合的承认都从逻辑上承认绝对的“一”，任何对分离的承认都从逻辑上承认了不可避免的、完全的分离。我不禁怀疑他们所使用的理智推理中明显薄弱的地方是否由一种神秘的感觉来保护自己免于自我批判，无论有没有逻辑，绝对的“一”必须以某种代价为真。“一”无论如何总能克服道义上的分离。在爱的激情中我们有代表一切有情众生统一的神秘萌芽。这种神秘萌芽在我们听到一元化的理论时苏醒过来，承认他们的权威，并将理智思考放到一个次要的地方。

在这一讲，我不再打算讨论它的宗教和道义方面的问题了。我演讲的最后一部分，还会有更多关于这些的东西要说。

我们暂时抛开最终猜想到的神秘洞察力可能具有的权威时刻，以纯理智的方式对待“一”和“多”的问题，我们就能清楚地看到实用主义的立场。根据实用主义对理论所做的实际差异的标准，我们发现它必须同时放弃绝对一元论和绝对多元论。由于世界的各个部分被某种关系结合在一起，因此到目前为止世界是“一”。如果这些关系不能够把世界结合在一起，那么世界就是“多”。最后，随着时间的推移，至少随着人类努力而保持的那些连接系统的发展越来越统一。

我们可以假设，我们知道的其他宇宙，其中有很多完全不同的等级和类型的结合。因此，宇宙的最低等级就是一个单纯并存的宇宙，它的各个部分通过“和”串联在一起，这样的宇宙直至现在依然是我们内在生活的集合。你想象的空间和时间，你幻想中的对象和时间不仅或多或少不连贯，而且和其他人类似的幻想并无关联。现在我们坐在这里，任我们的各种遐想互不影响和干涉，相互交错。它们只是共存，没有秩序也没有任何包容，是我们设想绝对“多”的最近的方式。我们甚至无法想象为什么它们就该当作一个整体来看，即使是被看作一个整体，我们也没法想象，它们是如何被称为一个系统性的整体。

但是加上我们的感觉和身体行动，这种结合就会上升一个等级。我们的听觉和视觉，以及我们的行动都落入那些时间和空间的容器中，每个事情都能找到它的日期和地点。它们形成可以被分类的“事物”和“种类”。然而，我们可以想象世界上各种各样的事物，那些我们熟悉的因果互动根本不存在。一切可能会对其他事物有惰性，并且拒绝传播其影响。或者可能有机械影响但是没有化学反应，这样的世界远不如我们的世界统一；或者可能有完全的物理、化学反应，但是没有思想；或者虽然有思想，但完全是个人的思想，没有社会活动；或者有社会活动，但是仅局限于相识，却没有爱；或者虽然有爱，但是习俗或制度使其系统化。从更高等级的宇宙来看，这些等级的宇宙中是绝对合理或解体的。例如，如果我们的思想能通过“心灵感应”联结，这样每个人就能立刻感知在某种情况下各自的想法，或者在某种条件下能知道彼此正在想什么，那么我们现在所生活的世界对于那些更高等级的思想家来说就显得低一级。

随着我们对过去漫长岁月的推测，尽管这些结合可能不是按照我们现在人类系统进化的方式进行的，但是质疑我们所在宇宙中的这千千万万种结合还是合理的。如果这个假设合理，那么完全的“一”就会出现在事物的结尾而不是开头。换句话说，“绝对”的必将被“终极”概念取代。这两个概念具有相同的内容——事物最大限度地统一。也就是说，它们的时间关系正好相反。

以实用主义方式讨论完宇宙统一的问题后，你们应该能明白为什么我在第二讲引用我的朋友帕佩尼所说的那句“实用主义想把我们的所有理论变得柔和”。世界统一往往只是被抽象地肯定，似乎谁要是质疑它谁就会被看作白痴。一元论的脾气非常暴躁，好像随时都会爆发一样。这种教条的方式很难合理地讨论和推断事物的差别。特别是绝对理论，必须作为一个独断和特别的信仰。“一”和“全”在存在和认知的顺序上是第一的，本身在逻辑上是必需的，并把所有的小东西结合在相互需要的纽带上，它怎么会允许减少顽固的内在联系？对多元论最小的质疑，其任一部分脱离整体的细微举动都会毁坏它。绝对的统一不容任何程度的减损——就像一杯水中只要有一个小霍乱病菌，我们就会质疑它的绝对纯净。不管这是多么微小的、独立的小部分，对于绝对来说，都像致命的霍乱病菌一样恐怖。

另外，多元主义没有这种教条的、严厉的脾气。如果给你一些分离的东西、一些独立的颤动、一些各部分之间自由的相互作用、一些真正的创新和机会，即使是微小的，多元论都会非常满足，并允许任何数量的大联合。问题是有多少联合，多元论认为这个只能由经验来解答。联合的数量可能很巨大，但是如果与所有的联合在一起，绝对的一元论会被粉碎，必须有没有克服的最细小的、最初的萌芽，或最少残留痕迹的分离。

在最后的经验确定事物之间联合和分离以前，实用主义肯定很明显地站在多元化的这一面。实用主义承认，即使有一天，一个知者、一个起源、一个宇宙以可以想象的方式整合在一起形成总的联合，这也将是最不可能的假设。同时，我们必须欣然接受相反的假设，即这个世界也许以不完全统一的状态在运作。后面的这个假设是多元论的观点。因为绝对一元论禁止人们认真思考，从一开始被标榜为是非理性的，所以实用主义必须反对绝对一元论，并回到多元主义更有经验的道路上。

这就使我们活在常识世界里，在这里我们发现有一部分是相互联结的，有些是分离的。那么“事情”以及它们之间的“联结”从实用主义角度应该如何处理？下一讲，我将用实用主义方法所运用的常识来解释哲学舞台。

第五讲
实用主义与常识

在实际交谈中，一个人的常识是指他有良好的判断力、没有偏见。用通俗的话来说，有审时度势的能力。在哲学中，则意味着完全不同的东西，指的是人们使用的某种智力形式或思想类别。

第四讲中，我们通过研究宇宙包含的各种具体的联结而非普遍的方式，讨论了宇宙是“一”这个空白的崇高原则。我们发现许多联合和各种分离一样真实共存。每一种联合和每一种分离都会提出这样的问题：我的验证到了什么程度？所以，我们要做一名优秀的实用主义者，就必须面向经验，面对“事实”。

绝对的“一”只是一个假设，这个假设就是，一个无所不知的知者认为一切都是简单系统化的事实。但人们可能仍然会假设这个知者是一位绝对或终极者；人们认为，即使过去各知识领域包含一些无知的东西，将来的知识中也包含一些无知的说法，以上对知者的反假设都是合理的。无论如何，都会有遗漏的信息。

这就是“理性多元论”（reasonable pluralism）的假设——一元论者认为极其荒谬的假设。因为我们必须像对待理性一元论一样恭敬地对待理性多元论，直到事实证明理性多元论是错误的，所以我们认为实用主义原本只是一种方法，要求我们友好地对待多元主义。也许世界上的某些部分和其他部分的关联仅仅是随意地通过一个“和”联结起来的，甚至在没有发生任何内部变化的情况下出现又消失。这种多元论观点认为世界是由一个个部分叠加组成的，这点是实用主义必须加以考虑的问题。但是这种观点会引出一个更大的假设，正如一元论者向我们保证的那样，现实世界不完全是永恒圆满的，它永远不是完整的，任何时候都会有增有减。

显然，世界在一方面是不完善的。我们对这一问题的辩论表明，我们目前的知识是不完善的，是可能亟待补充的。关于它所包含的知识——世界的确在改变和增长，对我们一些知识的自我完善方式（当它完善自我时）可以作一些概括论述，也会更容易引出这一讲的主题，那就是“常识”。

首先，我们的知识是一点一点增长起来的。这些零零散散的知识或大或小，但是从来不会一下子增长：有些旧知识永远都是那个样子。假设你对实用主义越来越了解，之后，这种了解可能很大程度上改变了那些你原以为是正确的观点，但这种改变往往是循序渐进的。以我的演讲为例，你们刚开始得到的可能是少量新的信息、一些新定义，或者是一些区别和观点。但是，当一个个具体的观点加起来时，你们的其余知识保持不变，慢慢地你们会重新“排列”我给你们灌输的这些新鲜的事物和已有的知识，并在某种程度上稍微修改其中的一些知识。

我想，现在你们听我的演讲时，我的个人能力以及我所说的话影响了你们的观点，但是如果我突然停下以一个宽厚的男中音唱“我们明天才能回家”的歌，我想这种行为不仅不会增加你们的新知识，而且还会使你们对我有不同的看法，可能还会改变你们对实用主义哲学的看法，会使你们重新编排你们的一些看法。在这个过程中，你们会紧张，有时会因经历带来的新旧观点之间的冲突感到痛苦且无所适从。

我们的思想以点状扩大，就像油点般铺开。但我们让它们尽可能少地拓展：尽可能多地保持旧知识、旧偏见、旧信仰不变。修补和改变的东西超过我们完全更新的东西。新的思想逐步渗透进去，浸染了旧东西，但同时也吸收旧东西的浸染。我们的这些已有知识感知和合作，学习过程的每一步都以新的平衡结束，相对来说很少有新的知识一成不变地被吸收。

因此，新的真理是新的经验和旧的真理之间相互结合、彼此修改后的产物。虽然今天的观点是以这样的形式改变，但它不是向来就如此。那么古老的思维模式可能通过后来人们的观点改变而幸存下来，最原始的思维模式可能尚未完全消除。就像我们的五根手指、耳骨、阑尾，或者其他残留的特征，它们仍然是我们人类种族史上不可磨灭的标记。我们的祖先可能在某个时刻已经进入他们未曾设想过的思维方式。但是一旦他们这样做了，他们就会传下去。就像一首音乐一旦定好了音调，就要从头到尾保持同一个调。你可以随意设计你的房子，但是建筑师一旦打好地基，你就不能改变太多了。你不能把哥特式教堂改为多立克寺庙。你可以一遍遍冲洗瓶子，但是你不可能完全洗掉瓶子里装过药或者威士忌的味道。

我是这样认为的：我们基本的思维方式是远古祖先们发现的，它们将会在接下来的时间里继续保持不变，然后形成人类思想发展阶段中的一个平衡状态，即常识阶段。其他阶段可以引入和借鉴这个阶段，但是永远不能取代它。我们暂且把这个阶段当作最后一个阶段来研究。

在实际交谈中，一个人的常识是指他有良好的判断力、没有偏见。用通俗的话来说，有审时度势的能力。在哲学中，则意味着完全不同的东西，指的是人们使用的某种智力形式或思想类别。如果我们是龙虾或蜜蜂，我们的身体组织可能会让我们用与这些形式或类别截然不同的模式去理解我们的经历。可能今天我们无法想象这些类别（我们不能教条地否认这一点），事实证明我们真正使用的和思想上用来处理我们的经历的类别是一样有用的。

如果人们觉得这个听起来自相矛盾，那么让他们想想解析几何吧。欧几里德用内在关系来定义同样的图形，而笛卡儿（Descartes）用图形上的点和不定坐标的关系来定义，其结果是一个完全不同和更有力的处理曲线的方式。所有这些概念就是德国人所说的思想方法，一种通过思考处理问题的手段。只要这样的经历没有贴上标签，那么我们就得弄清楚它是什么。康德说，经历作为最初的存在是杂乱的现象，是混乱的知觉，是需要我们集中智慧去应对的一团混杂。我们通常要做的是先将一些系统概念在智力上归类，使其序列化，或以某种智力方式连接，然后把这个作为我们“保持标签”的记录，以此来展示我们的印象。当每个印象在这个概念系统的位置特定时，它就是被“理解”了的。这种平行地使各元素保持“一对一”关系的平行复写本概念，在数学和逻辑上如此方便，以至于越来越多地代替了旧的分类概念。这样的系统概念很多，而感觉的复写本也是这样的一个系统。如果你可以在感觉印象中找到“一对一”的概念，那么你就能合理解释这些印象。但是很显然，你可以使用各种概念系统地使它们合理化。

使它们合理化的旧常识方法是一套概念，其中最重要的有如下：

事物；

异同；

种类；

思想；

物体；

唯一的时间；

唯一的空间；

主体和属性；

因果的影响；

幻想的东西；

真实的东西。

我们现在非常熟悉这些概念从我们永恒的知觉气候编制的顺序，因此很难意识到，这些知觉本身是没有一个固定的规律可循的。气候在这里是一个非常好的词。例如，在波士顿，气候几乎没有什么规律，唯一不变的规律就是每一种天气就那么两天，第三天虽然说不定，但十有八九也会碰到另一种天气。因此，波士顿的天气是不连续的、忽晴忽阴的，有点混乱。提及气温、风、雨或者阳光，也是一天中可能会变三四次。但是华盛顿气象局通过把波士顿天气的无序变化当作一连串插曲使得它更加合理化。它在大陆气旋中指出这一小段插曲的位置和时间，而在大陆气旋的历史上，每一处局部变化都好像是绳子上的珠子一样被穿起来。

现在几乎可以肯定地说，就像没有受过教育的波士顿人不了解他们的气候变化一样，小孩和低等动物也不了解自己的经历。如同我们普通人不知道大陆气旋一样，他们不知道作为世界容器的时间和空间，也不知道不变的主语和变化的谓语，更不知道原因、种类、思想或事物等。一个婴儿手里的拨浪鼓掉了，但是他不知道去找它，他会以为拨浪鼓像烛光灭了一样，没有了。当你把这个拨浪鼓重新放到他手里时，他会认为这个东西自己跑回来了，就像再次点燃蜡烛，烛光出现一样。这是因为婴儿还没有拨浪鼓这个“东西”的概念，他们没有这种可以把“事物本身”加在连续出现的现象之间的能力，狗也是一样，看不见了就不记得了。很显然，他们没有插入“事物”的一般倾向能力。让我引述我的同事桑塔亚纳（Santayana）书中的一段话：

“如果一只狗正在得意地嗅来嗅去时，突然看见很久未见的主人回来了……这个可怜的家伙不会问他的主人为什么走了，为什么又回来了，为什么应该爱主人，或者为什么它现在躺在主人的脚边却曾经忘记了他，而会开始咕咕噜噜，梦想着追猎物的事。所有这些都完全是个谜，他完全没有考虑过。这些经历有多样性、有场景，也有一定的生命节奏，需要热情洋溢的诗句表达出来。这种经历完全来自灵感；每一件事都不是预先安排的，好像有神意。绝对的自由和绝对的无助碰到一起：你完全靠神的恩惠，然而那种深不可测的神秘作用和你自己的生活一样……（但是）甚至那些无序的戏剧演员也有他们的进场和出场；只要他们集中注意力，记住上下场的顺序，就能逐渐发现尾白（指演出时给其他演员作暗示的说白或动作提示）的线索……随着理解的增加，经历的每一个时刻相继产生，并且预示其余环节。生活中平静之处充满了力量，而兴奋突发之处却充满了资源。没有任何情绪可以压倒心灵，因为没有任何情绪的基础是隐蔽的；任何事情都不能挫败精神，因为精神可以超越一切。最坏的困境也可能找到逃脱的办法；尽管每一个时刻以前都充满了自我冒险和惊讶的情绪，而现在每一个时刻都为之前的教训和推测全部的情节留有余地。”

甚至如今的科学和哲学仍在费力地想把我们经历中的现实部分和幻想分开；在远古时期，他们只是做了最初的区分。人们相信他们可以想到任何鲜活的东西，因此他们无法摆脱一个事实，那就是梦想和现实的混淆。这里所说的“幻想”和“事物”是不可或缺的——现在我们把某些经历称为思想而不是现实。以上列举的范畴中，没有一个不是源于历史逐步发展起来的。

我们都相信时间的唯一性，即每件事的发生都有唯一确定的时间，把世界无与伦比地统一起来。但是它们作为概念的最后完成形式，与自然人松散无序的时间经历、空间经历多么不同啊！发生在我们身上的每件事情都有其时间上的持续性和空间上的延展性，而两者一直延伸到下一事件的“更多”持续时间和延展空间里，并被多余的边际模糊地包围起来。但是我们很快就失去了明确的方位，我们的孩子不仅分不清昨天和明天，而且把整个过去都混在一起，甚至我们大人时间久了也会分不清。空间的情况也不尽相同。在地图上，我能清楚地找到伦敦、君士坦丁堡、北京和我自己住的地方。在现实中，我完全分不清地图上的东西。方位和距离是模糊的、迷惑的、混乱的。宇宙空间和时间绝不是康德所说的那么直观，它们像科学展示的一样具有人工构造。绝大多数人从不使用这些概念，他们生活在一个多种时间和空间相互贯通、混乱交织的世界中。

让我们再回到永久的“事物”，“相同”事物和它的各种“外观”与“变化”，不同事物的“种类”，以及“种类”最后做“谓语”，而“事物”仍然做“主语”——这一系列名词对我们相互交织的直接经历波动和合理变化有很大的帮助，而且任何人通过这些概念工具理顺的只是经历波动中的一小部分。我们的所有原始祖先可能只使用最含糊不清的“相同”这个概念。但即使这样，如果你问他们“相同”是否是看不到的整个时间段里的一个“事物”，他们也许也会茫然，说他们从来没有问过这个问题，或者从来没有考虑过这方面的问题。

种类和种类的统一性——从“多”中找到解决方式是多么有用的思想方法！“多”可能是绝对的。经历可能都是个别的且不会重复发生的。在这样一个世界中逻辑完全没有用武之地，而种类和种类的统一性是逻辑唯一的工具。一旦我们知道任何一样东西也是属于那种类型，那么我们就好像踩着筋斗云一样周游世界。当然，动物们从来不使用这些抽象概念，而文明的人则以各种方式大量地使用它们。

再说说因果影响！这个概念如果真的有什么不同的话，那就是它的古老性；因为我们发现原始人认为什么都是重要的，都可以产生某种影响。要找到更准确的影响，得从这个问题开始：对于任何疾病，即灾难和不幸的事情，“到底应该怪谁？或者归咎于什么？”从这点出发开始寻找因果影响。休谟和“科学”一起曾经尝试消除整个影响概念，取而代之的是完全不同的思想工具——“规律”。但是“规律”是一个相对新的发明，在旧的常识领域，影响则至高无上。

“可能”这个低于期望高于实际的词，是常识里另一个权威性的概念。即使你批评它们，它们仍然存在。一旦这种批判的压力释放一些，我们就会投奔它们。在实体和形而上学的层面，“自我”“物体”都受这些形式思想的约束。在实践中，常识的思想方法从来没有输过。然而，无论受过多少教育，每个人还是会用常识的方式去想“事物”，认为这是一个永久的主题，交替“支持”其属性。没有谁会固定不变地使用更批判的概念，这个由规律统一起来的感官性质。有了这些分类，我们就可以将计划和谋略结合起来，将经历中离我们较远的部分和眼前的一切联系起来。与这种自然的母语比起来，最新的批判性哲学只是时尚和装饰品罢了。

在我们对事物的理解中，常识似乎是一个完全明确的阶段，一个以无比成功的方式满足我们思考目的的阶段。即使我们没有看见，“事物”确实存在。它们的“种类”也存在。它们的行为标准和我们的行动作用就是他们的“性质”，这也是存在的。就像灯光照到房间的每一件物体上的性质一样。当我们拿起一个不透明的幕布时就拦截了光的这个性质。正是我嘴唇发出的声音传到了你的耳朵。火的感官热量传递到水中，我们用来煮蛋。我们可以加一大块冰把热水变凉。所有非欧洲人毫无例外始终停留在哲学的这个阶段。它足以满足所有实际生活目的的必需。而且如伯克利所说，在我们自己的种族中，也有一些思想极其复杂的“老学究”，甚至怀疑常识不是完全真实的。

但是，如果我们回过头想想常识范畴怎样能达到惊人的支配地位，那么就没有理由不相信常识范畴的胜利过程像德谟克利特（Democritus）、伯克利和达尔文最近时间取得的胜利过程一样。换句话说，他们可能是这些史前无名天才成功发现的，他们可能已经被最初合适的经历事实直接证实，然后从一个事实到另一个事实，从一个人到另一个人，直到所有的语言都寄托在他们身上，现在我们无法用其他术语来思考。这些观点只会遵循在其他地方被证明十分有效的规律，认为我们在小的和近的地方发现的规律在大的和远的地方一样奏效。

这些概念对所有功利的实际目的来说，足够多了。但是这些概念从特殊点开始被发现，然后逐渐从一个东西传播到另一个东西——似乎证明了我们今天的应用有一些极其可疑的限制。我们为某种目的假设一个“客观”时间在匀速流动，但是我们并不完全相信或意识到这种匀速流动的时间。“空间”是一个较模糊的概念，但是“事物”呢？它们到底是什么？星座是一个事物吗？军队是事物吗？理性的产物如空间或公平是事物吗？一把刀换了刀把和刀刃还是“一样”的吗？洛克认真讨论的那个“民间故事中被仙女掉包的孩子”是人类的“同类”吗？“心灵感应”是“幻想”还是“事实”？一旦你超越这些类别的实际使用（通常由具体情况充分表示出来的用途）到达一个纯粹好奇或思索的思维方法上，那么你就会发现任何一个种类会在什么样的事实限制内使用。

受理性主义影响的逍遥学派哲学，通过专门和明确地处理，试图使常识范畴永恒化。比如，一个“事物”是一个“存在”（exist）。存在是一个物体“固有”的性质。一个物体是物质。物质有很多种，但种类有明确的数目和不同。这些区别是基本的和永恒的。作为话语的术语，它们的确是非常有用的，但是除了用它们引导我们的话语达到有利可图的结果之外，就没有什么意义了。如果你问一个有学问的哲学家，物质本身是什么，他会说物质是支持属性的东西，会认为以你的智力应该知道这个词的意思。

但是理智清楚知道的只是这个词本身和其引导的功能。这样就会发生这么一种情况，即如果听凭其自身，则好奇而懒惰的理智，会放弃将常识从一般术语转向“批判”思想水平。不仅你们熟悉的休谟、伯克利以及黑格尔这些学者，就连伽利略（Galilei）、道尔顿（Dalton）和法拉第（Faraday）这些实际的事实观察者，也发现不可能把常识的朴素感觉作为最终的事实。由于常识是穿插在我们间歇性感觉中的恒定的“事物”，所以科学超越常识推断出它的“初级”性质、它的原子、它的以太、它的磁场等。“事物”现在是看不见摸不着的；而古老可见的常识性事物应该由看不见的东西结合产生。或者，人们干脆取消事物的整个朴素概念，它的名称只被解释为我们的某些感觉在习惯上接连发生或共存的规律或结合。

因此，科学和批判哲学突破了常识的界限。朴素现实主义在科学中消失。“次要”品质变得虚幻，而“主要”品质仍然存在。批判哲学使一切事物陷入混乱。常识范畴从来不以“存在”的形式表示任何事物；它们只不过是人类思想的高超伎俩，是我们在无法挽回的感觉之流中逃离困惑的手段。

虽然批判思想中的科学倾向起初受到纯粹理智动机的推动，但是现在却开创了一个完全意想不到的实用领域。伽利略给了我们精确的时计和精准的火炮；化学家给了我们大量的新药物和染料；安培（Ampere）和法拉第给了我们纽约地铁；马可尼（Marconi）给了我们电报。如果规定是他们所定义的，这些人发明的假设性东西，就会在实证意义上表现出额外的生产力。我们的逻辑可以从他们推断出在一定条件下产生的结果，并满足这些条件，我们就能看到结果。用科学思维实际控制自然的范围远远超过了用常识控制的旧范围。没有人能赶上极限，因为这种控制范围加速的太快了。人们甚至可能担心人类的存在会被自己的力量摧毁。人类作为一个有机体的固定性质也许经不住不断刷新的巨大功能，可他的理智使他越来越愿意使用这些功能，如同神圣的创造力的功能。他沉溺于自己的财富中，就像一个澡盆里的孩子，打开水龙头却不知道怎么关掉它。

批判主义的哲学阶段比科学阶段在否定方面更加彻底。洛克、休谟、伯克利、康德及黑格尔在揭示自然界细节方面什么也没做。我认为，没有任何发明或发现可以直接追溯到他们的独特的思想，因为无论是伯克利的沥青，还是康德的星云假说，都和他们各自的哲学信条没有关系。他们的门徒获得的满足是理智的而不是实际的东西。即使这样，我们也必须承认，有一部分满足是负面的。

因此，我们所生活的世界至少有三个特征鲜明的层次、阶段和类型，其中一个阶段的概念有这个特点，另一个阶段的概念有另一些特点。可是不可能说，我们看到的那个阶段就绝对比其他阶段真实。常识是更稳固的阶段，因为它最先获得发展的机会，然后让所有的语言变成它的盟友。常识阶段和科学到底哪个更尊贵，就留给个人去评判吧。但不管是稳固还是尊贵都不是真理的决定性标志。如果常识是真的，那么科学为什么认为我们生活兴趣的次要品质是假的？为什么发明一个由点、曲线和数学方程式组成的不可见的世界取而代之？为什么需要将原因和活动转化成“功能变量”法则？作为常识的“同门姐妹”，经院哲学试图让人类家族中一直谈论的形式墨守成规，使它们明确并永恒，但以失败告终。实质性形式（换言之，我们的次要性质）好不容易持续了1600年。当时人们已经厌倦了它们，伽利略和笛卡儿用他们的“新哲学”只是给了他们一个“沉重的打击”（coup de grace）。

但是现在，新的科学“事物”如血细胞和以太世界，本质上更“真实”，为什么它们会激起那么多科学内部的批判？科学逻辑学家从各个方面都说，这些实体和它们的规定性无论怎样具体，都不应该被认为是真实的。就好像它们曾经存在过，但是实际上如坐标和对数，只是人为把我们从这经历之流的一部分带到另一部分的捷径而已。我们可以很有效地用它们来计算，它们为我们提供奇妙的服务，但是我们不能被它们愚弄。

比较完这些类型的思想后，我们很难得出明确的结论，说哪个更加绝对真实。它们的自然性、它们的智力价值、它们的实践结果，都检测它们的真实性，但结果却把我们给搞糊涂了。常识适合生活的一个领域、科学适合另一种领域、哲学批判适合第三种领域，但是谁也不知道哪个更加真实。现在，如果我理解正确的话，在马赫、奥斯特瓦尔德和迪昂等人的科学哲学里，我们正在见证从常识角度看待物理自然界的神奇逆转。在这些老师看来，没有一种假设比其他假设更加真实，因为没有哪个可以原封不动地照搬现实。从他们使用的角度来比较的话，所有的假设只是我们谈论的方式。唯一真实的事情是现实。对于这些逻辑学家来说，我们所知道的唯一现实是我们的感觉和情绪之河。“能量”这个集合名词（在奥斯特瓦尔德看来）可以用来测量感觉（运动、热量、磁力、光等）。通过测量它们，我们就能描述它们带来的相关变化。这些简单而有效的公式是人类思维价值最大的胜利。

没有人不佩服“唯能论哲学”（energetic philosophy）。尽管它有吸引力，但是物理学家和化学家们认为超敏感实体、粒子和振动仍然有自己存在的意义。唯能论哲学太节省了，不可能满足所有东西。毕竟现实的要点是大量的而不是节俭的。

我在这里处理的是高难度问题，不适合通俗演讲，而且我自己的能力也有限。然而，这些对我的结论来说可能更有利。整个真理概念，我们很自然的第一反应认为是现成和既定事实在头脑里的简单重复，这些是很难解释清楚的。没有什么简单可行的测试可以判定所谓真理的思想类型。常识、普通科学、“粒子哲学”（particle philosophy）、超临界科学、唯能论、批判哲学或唯心主义哲学，都有不够真实和不尽如人意的地方。显然，由于我们目前对真理这个词的含义没有明确的概念，所以这么多不同的系统冲突迫使我们不断反思真理。我将在下一讲来处理这个问题，再补充几句就结束这一讲。

我希望你们在这一讲记住两点：第一点是有关常识的。我们已经讲过质疑它的理由，尽管它有可敬之处，尽管人们广泛使用它并用在语言结构中，但它的范畴毕竟只是一个非常成功的假说的集合（在历史上被一些人发现或发明，然后逐渐交流，很多人用它），我们的祖先从远古时期开始就统一使用这些假设并理顺它们不连续的直接经历，把自己和自然表面平衡，使其满足一般的实际目的并持续下去。要不是德谟克利特、阿基米德（Archimedes）、伽利略、伯克利和其他古怪的天才过渡的智力活跃和他们激发的例子，常识一定会一成不变。所以，我请你们记住对常识的质疑。

第二点就是：审查过各种思考类型之后，我们发现每一种目的都有其优越之处，因此所有的冲突仍然存在，没有哪一个是绝对真实的。难道不同思考类型不应该利用实用主义的假设吗？这些假设认为我们所有的理论都是工具，都是思想适用现实的心理模式，而不是一些神圣世界之谜的启示或诺斯替的答案。我在第二讲中已经清楚地表达了这一观点。当然，实际的理论处境不稳定，每种思想层次在某种目的上的价值，一种思想层次不可能坚决排除其他思想层次。我希望能在下面几讲中可以对这些实用主义启示做出让人信服的解答。到底真理还有没有不清楚的地方？

第六讲
真理的实用主义概念

实用主义得到了它对真理的普遍观点，即真理与我们经验中的某一时刻可能会引领我们走向其他值得去往的重要时刻的方式之间存在必不可少的联系。

有人说，当克拉克·麦克斯韦（Clerk Maxwell）还是个孩子的时候就热衷于让人们把所有的事解释给他听，而当他得到的是含糊不清的表达时，他就会不耐烦地打断他们，说："是的，但是我想让你告诉我具体的情况！"如果他的问题是有关真理的，那么就只有实用主义者才能给他具体的解释。我认为只有当代的实用主义者在真理这一问题上给出了站得住脚的解释，尤其是希勒先生和杜威先生。这是一个非常困难的问题，它需要巧妙地满足各种差异，并且很难用只适用于公开演讲的粗略方式来处理。但是希勒和杜威的真理观遭到了理性主义哲学家的猛烈抨击，并被人误解，因此，这个演讲将对此进行一个清晰明确的说明。

我非常希望看到实用主义真理观走过理论宿命的各个经典阶段。首先，一个新的理论会因为被认为是荒谬的而受到抨击；其次，它会被认为是真实的但也是浅显而毫无意义的；最后，它会被认为是极其重要的以至于曾经的反对者都声称是他们发现的这一真理。我们的真理学说目前还处于第一个阶段中，而第二个阶段的表现在某些方面已经开始显现。我希望这次演讲能够帮助你们走出第一个阶段。

正如所有字典中说的那样，真理是人们想法的某种特性。现实则意味着人们的想法与现实达成的一致，就像谬误意味着其间的分歧一样。实用主义者和理智主义者都理所当然地接受这个定义。只有当现实被认为是需要与我们的思想达成一致时，才会出现有关“一致”和“现实”究竟是什么的问题。

在回答这些问题时，实用主义者更具分析性和钻研性，而理智主义者更加随意和不假思索。主流的观点是：一个真实的想法必须是其现实的复制品。像其他流行的观点一样，这一观点遵循了最常见的经验类推法。我们对敏感事物的真实想法确实是对它们的复制。闭上眼睛想象远处挂在墙上的钟表时，你会得到一个复制了这个钟表的真实画面。虽然你想象中的钟表绝不会和现实有所冲突，可以被接受，但你的想象却远达不到一个复制品的程度（除非你是一个钟表匠人）。尽管这个“复制品”有所缩水，但是它仍旧能够为你服务。当你提到钟表的“计时功能”或是其弹簧的“弹性”时，很难确切地知道你的想法能够复制什么。

你知道这里面存在问题。如果我们的想法不能完全复制客观对象，那么和客观事物的一致意味着什么呢？一些理想主义者说它们就是真实的，无论上帝让它们代表什么，我们都应该相信它就是那个客观事物。另一些人一直持有复制的观点，就好像我们的想法对真理的复制与真理对绝对事物永恒思考方式的复制成比例一样。

这些观点引起了实用主义者的讨论。但是理智主义者最大的假设是真理实质上是一种惰性的静态关系。当你对任何事情都具有真实的想法时，问题就得到了解决，你知道你已经完成了所有的思考，达到了自己精神的制高点，服从了自己的绝对命令，你的理性使命也达到了高潮，不再有更多的需求了。在认知论上，你已经处于一个稳定的平衡状态。

另外，实用主义提出了一个它常问的问题："承认一个想法或信念是真实的，那么它的真实会给任何人的实际生活带来什么具体不同呢？这种真实是怎样被认识到的？如果它被认为是错误的，那么有什么经验会被改变呢？简而言之，真理在经验中的实际价值是什么呢？"

实用主义提出这个问题的时候，就已经看到了答案：真实的想法是那些我们可以吸收、确认、证实和验证的想法，而错误的想法则不能。这就是实用主义带给我们用来得到真实想法的实际差异。因此，这就是真理的意义，也就是人们所认为的真理的全部。

这个论点是我必须进行辩护的。一个想法的真实性并不是它内在的固有性质。真理产生在一个想法之中。这个想法成真，是事件使它成真。真理事实上是一个事件、一个过程，这个过程即对这个想法自身的验证，也是想法的验证性。它的正确性就是它的验证过程。

但是，“验证性”和“正确性”这两个词本身的实用主义意义是什么呢？它们同样意味着经过验证和确认的想法的某些实际后果。很难找到任何比普通的“一致公式”更能够体现这些结果的特征词语了，即那些每当我们说我们的想法与现实“一致”时，我们所想到的结果。也就是说，它们引领着我们，通过它们发动的行动和其他想法，进入或接近我们感觉到的经验的其他方面，而这种感觉存在于我们的潜能之中——与原始的想法仍然保持一致。其间的连接与转换以循序渐进的、和谐的、令人满意的方式一点一点地完成。顺从引领的这种功能就是我们所说的一种想法的验证。这样的叙述是含糊的，而且起初听起来很琐碎，但其产生的结果却需要我用剩下的时间来进行解释。

在开始之前，我需要提醒你们，拥有真实的思想意味着处处拥有无价的行动工具，此外，我们获得真理的责任远不是一个出乎意料的空白命令或是我们的理智所强加的“特技”，它可以通过很好的实际原因对其自身进行解释。

人类生活对事实抱有真实信念的重要性广为人知。我们生活在一个现实世界之中，这个世界既可以是极其有益的，也可以是极其有害的。在这个基本验证范围内告诉我们其中哪些可以被当作真实的想法的那些想法，以及对这种想法的追求是人类一项主要的责任。迄今为止，真理的存在并不是一个目的，拥有真理只是一种实现其他必不可少的需求的准备方式。如果我在森林中迷了路，并且很饿，但我发现了一条看似是牛走过的小路，那么对我而言最重要的就是我应该认为在这条路的尽头有人居住，如果我沿着这条路走下去，我就会得救。在这个例子中，真实的想法是有用的，因为其中的客观事物——房子，是有用的。因此，真实想法的实际价值主要来自其客观事物对我们而言的实际重要性。的确，它们的客观事物总是不重要的。在其他情况下这个房子对我而言毫无意义，无论它有多么真实，在我看来这个房子都无关紧要，而且这个想法也是隐含的。然而，由于任何客观事物都可能在某一天短暂地变得重要，所以拥有一系列在极少数可能的情况下有用的额外真理的好处是显而易见的。我们把这些额外真理储存在记忆中，当它们被派上用场时就能够填补引证的空白。无论这种额外真理在什么时候才能与某个紧急事件相关联，它都能从“地窖”中取出并得到应用，而且我们蕴含在其中的信念也会变得活跃起来。你可以说“因为它是真实的，所以它有用”，也可以说“因为它有用，所以它是真实的”。这两种说法的意思是完全相同的，即这是一个被满足并且能够被证实的想法。“真实”是任何开始验证程序的想法名称，“有用”是这种想法在经验中被实现的功能名称。真实的想法除非从一开始就是有用的，否则永远不会被单独选中，也永远不会具有一个类别名称，尤其是一个能够暗示其价值的名称。

从这个简单的暗示中，实用主义得到了它对真理的普遍观点，即真理与我们经验中的某一时刻可能会引领我们走向其他值得去往的重要时刻的方式之间存在必不可少的联系。首先，在常识层面，精神状态的真实性意味着这种引领的功能是有价值的。我们经验中的某一时刻，无论处于什么情况下，都会通过一种真实的思想给我们以启迪。这也就意味着，我们迟早都会通过思想的引领再一次进入特定的经验中去，并且与这些经验建立有利的联系。虽然这个陈述很含糊，但我恳求你们记住它，因为这很重要。

同时，经验的产生也是有规律的。每一个经验都会提醒我们为下一个经验做好准备，它也可以指一个遥远的客观事物或对其具有的重要意义。客观事物的出现是一个重要的证明。这种情况下的真理除了最终证明什么意义也没有，这显然与我们的任性不相容。为那些信仰和现实在其经验中所遵循的秩序都尸位素餐的人感到不幸：这些不务正业的信仰和秩序无法对他们进行正确的引导，就会给他们造成错误的联系。

这里的“现实”和“客观事物”指的是常识、理智或常识关系，例如日期、地点、距离、种类、活动等。顺着我们心中那个在牛走过的小路尽头的房子的形象，我们实际上看到了那个房子，我们已经充分地验证了这个图像。这个简单而充分验证的引导无疑是“真理验证过程”的原型和蓝本。经验确实提供了其他形式的真理验证过程，但它们都可以被认为是一个基本证明对另一个证明的阻碍、倍增或替代。

以远方墙上的另一个客观物体为例。虽然没有人确切地看清它是什么，但我们都认为那是一个“钟表”。我们让我们的想法在未经证实的情况下变为真实。如果真理在本质上意味着验证过程，那么我们是否应该称这种未经证实的真理是失败的呢？不是，因为它们来自我们生活中经过了间接验证和直接验证的绝大多数真理。当具有充分的详细证明的情况下，我们可以不用“眼见为实”。就像虽然我们从来没有去过日本，但可以假设日本是存在的一样，因为真理就是这样工作的，我们所知的一切都与信念密不可分而且不受妨碍，所以我们就可以假设墙上挂着的是一个钟表。我们用它作为时钟，通过它把握我们课程的时长。这里对假设的证明意味着它不会造成失败或矛盾。齿轮、砝码和钟摆的存在都可以当作良好的证明。对于一个真理验证过程的完成，我们的生活中有无数个功能在这种情况下发挥作用。这些功能是我们得到的直接证明，引导我们进入它们这个客观物体所面对的周围环境之中，如果所有事物都运行和谐，那么我们就能够确定这种证明是有可能被我们承认的，而且通常都会被发生的事情所证明。

事实上，大部分真理存在于一个信用体系之中。只要没有受到挑战，我们的思想和信念就可以通过，就像只要没有人拒绝，钞票就能够流通一样。但是这一切都指向直接的面对面的证明，一旦没有这些证明，真理的结构就会像一个没有现金基础的金融体系一样崩溃。你们接受我对一件事情的证明，我接受你们对另一件事情的证明。我们彼此以真理交换真理，但是由人经过具体验证的信念才是整个上层建筑的支柱。

在日常事务中放弃完全的验证，除了时间经济之外，另一个重要原因就是所有的事物都是以群体存在的，而非只有单一个体。我们的世界具备这样的特殊性。因此，当我们曾经对思想中某种事物的样本进行过直接验证后，我们就可以认为我们不再经过验证就能够自由地将它们应用到其他样本之中。在证实之前就以习惯性的认识对它进行了设想，而且可以立刻做出相应的反应，不用先停下来进行验证，这样的思想会在百分之九十九的紧急情况下成为“真实的”想法，它会通过之后产生的行为得到证明，并且不会被驳斥。

因此，间接或仅仅潜在的验证过程也可能和完整的验证过程一样真实。它们能够像真实的程序一样工作，能够给予我们相同的优势，并且以相同的原因主张我们的认知。所有我们考虑的这些事情，都存在于事实的常识层面。

但事实并不是我们用来交换的唯一储备。纯粹的思想观念之间的关系形成了另一个范围，包含了真实和虚假的信念，而这里的信念是绝对的或无条件的。当它们是真实的时候，它们的名字被称作定义或者原则。诸如“一加一等于二，一加二等于三”；“与灰色相比，白色和黑色之间的差别更大”；当原因开始起作用时，结果也随之产生。这些要么是定义，要么就是原则。这样的命题包含了所有“一”“白色”“灰色”和“原因”中的所有可能性。这里的客观物体是思想上的物体。它们之间的关系一目了然，没有进行验证的必要。而且，只要这些相同的思想上的物体为真，它们就永远为真。这里的真理具有“永恒”的特征。如果你能在任何地方找到一个具体的“一”“白色”“灰色”或“结果”，那么你的原则一定能够在其中得到应用。这是一个在验证某种类型的事物之后将其规则应用到一个具体事物之中的案例。如果你能正确地确定某种事物的类型，那么你一定能够得到真理，因为你的思想与这种类型的事物毫无例外地保持着良好的关系。然而，如果你没有得到具体的真理，那么你可能会说你将实际的客观物体进行了错误的归类。

在这种思想关系的领域中，真理再次承担着引领的任务。我们把一个抽象的概念和另一个抽象的概念架构在逻辑和数学真理的伟大框架中，并在各自经验的敏感事实最终安排的条件下相联系，从而使得我们永恒的真理与现实之间也保持良好的关系。这种事实与理论之间的联结是无穷无尽的。如果我们正确地将客观事物归类，那么我们所说的这些在进行特定的验证之前就已经成立了。我们对各种可能的客观事物的现有理想框架是从我们思维的结构中演化而来的。我们不能再用我们的感官体验以不认真的态度对待这些抽象关系了。它们控制着我们，无论我们喜不喜欢最终的结果，都必须保持一致地对待它们。加法原则在负债上的应用与在资产上的应用同样严格。圆周率的第一百位小数，即圆周与其直径的比值的第一百位小数现在都是预想出来的，没有人能够真正将它计算出来。如果我们在解决一个实际的圆周问题时需要用到这个数，那么我们应该通过一个普遍的规则计算出一个正确的数字，因为它和其他计算方法得出的真理是同一类型的。

我们的思想在意识秩序的压迫和理想秩序的压迫之间紧密地结合。在无尽的矛盾和失败的惩罚下，我们的想法必须与现实保持一致，这种现实既可以是具体的或抽象的，也可以是事实或原则。

迄今为止，理智主义者无法提出抗议。他们只能说，我们几乎连问题的表面都还未触及。

因此，现实意味着具体的事实或抽象的事物与认识到的两者之间直观的关系。此外，第三种现实意味着我们的新思想必须仍旧考虑已有的真理。但是现在“一致”和这三种现实到底意味着什么呢？——再次运用现有的定义。

实用主义和理智主义从这个问题开始分道扬镳。毫无疑问，首先，达成一致就意味着要去复制，但是我们看到“钟表”这个词能做的仅仅是代替想象中其运转的画面，而且在许多现实情况中，我们的想法只能作为符号而不是复制品存在。我们的思想又怎么能够复制“过去”“力量”“自发性”这些现实呢？

在最广泛的意义上与现实达成“一致”只能意味着在处理现实或与现实相关的问题时，我们被直接引入其中或进入其周围环境之中，或者被投入和现实一起的这种工作接触当中，但这比未达成一致的情况要好。无论在理智方面还是实践方面都是如此。而且，达成一致常常只意味着消极的事实，即现实通过我们的观点引导我们到其他地方的方式进行干扰时，不会有矛盾产生。事实上，对现实的复制是一个和现实达成一致的非常重要的方式，但是这还远不是最重要的。最重要的是被引导的过程。无论是实践上还是理智上，任何帮助我们处理现实或其所属物的想法、不妨碍我们在挫折中进步的想法、事实上使我们的生活适应并适合现实的整体环境的想法，都会充分满足要求，达成一致。这种想法会符合现实。

因此，名称只是和明确的思想画面一样“真实”或“虚假”。它们建立了相似的验证程序，并且导向了完全等效的现实。

所有人类的思想都会变得混乱。我们交换想法，我们通过社交出借或借来不同的证明。这样一来，所有的真理都以口头的方式被建立、被储存，并且能够为任何人所用。因此，我们交谈必须要前后一致，就像我们的思考也要前后一致一样，因为我们是通过交谈和思考来处理各种各样的事情。名称都是主观的，但是一旦人们对某个名称达成了共识，就必须保持下去。我们现在不能叫亚伯（Abel）为该隐（Cain），或叫该隐为亚伯。如果我们这样做了，那么我们就脱离了《创世记》，也脱离了宇宙演说到当今事实之间的所有联系。我们抛弃了整体演说系统和事实体系中可能包含的真理。

我们绝大多数真实的想法都承认历史没有直接或当面的证明，例如该隐和亚伯的历史。时间流只能通过口耳相传，或通过现存的过去事件的延续或影响重述。然而，如果历史与这些言辞和影响一致，那么我们就能知道我们对过去的想法是真实的。就像过去的时间本身，像尤利乌斯·恺撒（Julius Caesar），像大洪水以前的妖怪一样在他们存在的时间和空间中那样真实。过去的时间本身是由它和当时存在的所有事物之间的一致性所证明的。正如现在一样，过去亦是如此。

因此，一致性本质上是一个双向引导的事物，因为它进入的区域包含了重要的客观对象。真实的想法引导我们进入有用的口头表达和概念区域当中，而且是直接进入了有用的意识终端。它们带来了一致性、稳定性和流动的人类交往。它们从挫败和贫瘠的思想中摆脱了怪癖和孤立。引导过程的平顺流动以及它从冲突和矛盾中得到的普遍自由都是它的间接的证明；但是条条大路通罗马，最终，所有真实的过程都一定会导向意识经验的直接表面证明，而这个表面证明已经被某些人的想法复制过了。

这是实用主义者对“一致”这个词的一种宽泛的解释。他们几乎将它作为一个整体来讨论。只要它能顺利地运转，那么实用主义者就让它涵盖了从此刻的想法到未来终点之间的所有过程。只有这样，才能说超越了常识的“科学”想法与现实是一致的。正如我曾说过的那样，就像现实是由以太、原子或电子构成的，但我们不能按字面的意思去想它们。“能量”这个词甚至不代表任何“客观”事物，它只是一种衡量某种现象表层的方法，以便以一个简单的公式来表述它们的变化。

然而，在选择这些人造公式时，我们不可能随心所欲而不受惩罚，正如我们常识的实际水平不可能反复无常一样。我们必须找到一个有效的理论，但这很困难，因为这个理论必须在先前所有的真理和某些新的经验之间斡旋。它必须尽可能少地打破常识和先前的信念，还必须通向一些合理的或其他可以被确切证明的结果。“有效”意味着要同时做到这两点。而这两点可以用来假设的空间被压缩得很小。我们的理论都前所未有地被束缚着、控制着。然而，有时可替代的理论公式和我们所知道的所有真理同样兼容。之后，我们凭主观原因在它们之间做出选择。我们遵循着“高雅”或“经济”，选择了一种我们所偏爱的理论。克拉克·麦克斯韦曾说在两个相同的概念中选择更复杂的那个是一种不科学的“品味”。你一定会同意他的观点。科学中的真理能够带给我们包括品味在内的最大可能的满足，但是先前所有的真理和新奇事实的一致性总是最大的麻烦。

我已经带你们穿越了最干涸的沙漠。如果允许我用最通俗的语言来表达的话，现在我们要开始品尝椰奶了。理性主义批评家总是把注意力放在我们身上，而回应他们则会使我们离开枯燥乏味，进入一个重大哲学选择的全面认识中去。

我们对真理的解释发现于奥秘之中的真理多元解释，是它们在引导过程中承担了唯一的共性。它们通过引导我们进入或接近某个体系的某个部分来承担，这个部分里倾注了许多我们可能在思想上进行复制的感官知觉，但是无论如何，我们现在都处于一种得到含糊证明的状态之中。对我们来说，真理只是一个证明过程的名称集合，就像健康、财富、力量等，都是与生命相关的其他过程的名称一样。我们同样追求这些，因为它们值得被追求。正如健康、财富、力量等产生于经验的过程之中一样，真理也是如此。

理性主义在这一点上与我们相对。我能够想象得出来一个理性主义者发表的如下言论：

“真理不是被制造出来的，而是一个绝对的存在，作为一个不用等待任何过程的特殊关系，它每次都径直超越了经验，直击现实。纵使这个世界上没有一个人去验证远处墙上的那个物体是钟表这个信念，它依然是真实的。无论这种思想是否有过证明，在这个超然的关系中暴露的特质都让任何拥有它的思想为真。实用主义让真理存在于证明过程之中，就像把马车套在了马前面，颠倒了次序。证明仅仅是真理存在的迹象，也仅仅是我们在弄清事实之后的痕迹，而我们的想法已经具备了这种奇妙的特性。这种特性本身就是永恒的，就像所有的本质和性质一样。正如它们带有虚假和不相关的特征一样，思想也直接携带着这种特性。它不能被分析成是实际的结果。”

这一理性主义长篇大论的全部合理性都是建立在我们已经给予事实足够多的关注之上。也就是说，这个世界中的事实与相似类型和联系的事物一样丰富，同一个证明也能够为同类的其他事物服务，了解某个事物的一个重要用途是尽可能不像牵扯到其同类一样牵扯到它们，尤其是人类谈论到它们时。那么，柏拉图式真理的特性实际上意味着一个事实，即这个世界上的很多理念，其间接性或可能性比直接性和实际证明更有效。柏拉图式真理只意味着可验证性，否则它就只是一个将某个具体现实的名称当作先前存在的独立实体来处理，并将其置于用来解释它的现实之后的理性主义诡计中。马赫引用了莱辛（Lessing）的名言：

> 机灵鬼小汉斯对堂兄弗里茨说："为什么会这样，弗里茨堂兄？为何世上最富有的人，恰好拥有最多的财富？"

机灵鬼小汉斯所说的"财富"原则与其指代的富有人群这个事实所不同。它先于这个事实，这个事实仅仅成了与富人本质属性一致的一种东西。

我们都看到了"财富"这个例子中的谬误。我们知道财富只是一个具体过程的名称，并不是洛克菲勒（Rockefeller）和卡耐基（Carnegie）发现的天然优势，它在某些人的生活中扮演着角色，但在其他人的生活中并没有如此。

和财富一样，健康同样也存在于生活之谜中。它也是一个运作良好的过程的名称，例如消化、循环、睡眠等。不过，在这个例子中，我们更倾向于认为它是一个原则，并且说这个人的消化和睡眠之所以这么好是因为他非常健康。

我认为，我们对“力量”的看法，应该更加理性一些，我们很显然倾向于把它看作一个人生而具备的优势，或是对人类拥有强有力的肌肉的解释。

对于“真理”而言，大多数人完全越过了边界，并且将理性主义的论据视为理所当然。但是事实上这些带有“th”词尾的词（如富裕、健康、强壮、真理等的英文就带有此类词尾）是完全相同的。柏拉图哲学中的真理和存在于其他事物中的真理是一样多的。

在亚里士多德之后，学者们把习惯和行为区别开来。健康实际上是指健康之外的事情，比如良好的睡眠和消化。但是一个健康的人不需要总在睡觉或总在消化，一个有钱人的不一定总是在和金钱打交道，一个强壮的人也不一定总在举重。所有这些特质都会沉淀在他们运用它们时的“习惯”状态之中。同样的，真理也变成了我们的理念和信仰在验证活动这个间歇期的一个特定习惯。但是，这些验证行为是整个物质的根源所在，也是在此期间存在习惯的条件。

简而言之，“真理”只是我们思维方式的权宜之计，就像“权利”只是我们行为方式的权宜之计一样。权益之计有各种样式，而且从长远来看，权宜之计存在于整个过程之中，一切在实际中运用了权宜之计的事物都不一定能够同等地满足所有未来的经验。正如我们所知道的，经验有许多方式来推翻目前的公式，以此让我们做出修改。

“绝对”真理，意味着未来不会有经验让它发生改变，它是那个我们想象当中所有暂时的真理最终会聚集在一起的理想尽头。它带着绝对的、完全的经验与所有充满智慧的人们一起前行。如果这些理想终被实现，那么它们将会是一起实现的。同时，我们必须在目前我们已经掌握的真理下生活，并时刻做好它们变成谎言的准备。托勒密的天文学、欧几里德的空间、亚里士多德的逻辑学及经院哲学的形而上学，都是暂时的或延续了几个世纪的，但是人类的经验都推翻了它们的限制。我们现在仅仅称这些是相对真实的或在某些条件下是真实的。“绝对”意义上，它们是错误的，因为我们知道那些限制都是暂时的。就像它们被现在的思想家推翻一样，它们可能推翻了过去的理论。

当新的经验引导人们回顾过去的判断时，人们需要用过去时态，即使过去的思想家没有遇到过这些新的经验，但是这些判断在以前是绝对真实的。一位丹麦思想家说过，我们的生活是向前的，但我们的理解是向后的。现在的一切向后是对世界过去的进程进行了解。它们在过去可能都是真实的进程，但对于那些知道了后来事情的人来说，它们并不是真实的。

这个潜在的、更好的真理概念可能会在未来某一天被确立，并且就像所有实用主义者的观点一样，它能够伴随着追溯权威的力量调转方向，面向具体的事实和未来。就像不完全真理一样，绝对真理也必须是人造的，作为一种大量增长的验证经验所附带的关系，而不完全真理的观点也占据着其中的配额。

我坚持真理主要是由以前的真理所决定的这个事实。人们的信念在任何时候都充满着经验。但是信念本身就是世界经验总和的一部分，因此它们又成了此后丰富经验中的一分子。只要现实意味着可以体验的事实，那么它自身和人们获得的有关它的真理都在不断地朝着一个明确的目标永恒地双向变化着——这种变化可能是真的，但仍在持续不断地变化。

数学家可以通过两个变量来解决问题。例如，在牛顿的理论中，加速度随距离的变化而变化，但距离也随加速度的变化而变化。在真理推论过程的领域中，事实是独立的，而且暂时决定着我们的信念。但又是这些信念让我们行动起来，当它们这样做的时候，我们便会发现它们的存在或者新的事实的出现，这就使得我们据此来重新定义我们的信念。因此，事实的整体真相揉作一团就是双重影响的产物。真理从事实中浮现出来，但是它们又再次卷入事实中去，这些事实又创造或揭示了新的真理（用词是中性的），如此无限循环。“事实”本身并不是真实的，它们只是事实。真理有着开始和终止这个循环信念的功能。

这种情况就像滚雪球一样，一方面是因为地上有雪；另一方面是因为孩子不断地推动，而雪球则是这两个因素不断相互作用的产物。

理性主义者和实用主义者之间最大的不同现在已经完全展现在我们眼前了。经验是处于变化之中的，我们心理上对真理的探求也处在变化之中，这些在理性主义中是可以存在的，但无论是现实还是事实其本身是处于变化之中的，这一点是绝不被允许的。理性主义坚持，现实是完整的并且创造于永恒之中，而我们的观点与其达成的一致，就是理性主义已经告诉了我们，其中独特而无可非议的美德。和这种固有的美德一样，理性主义真理和我们的经验没有任何的关系，既没有对经验内容做出任何补充，也没有对现实本身做出任何改变。它是超然的、惰性的、静止的，它仅仅是一种反射。它不存在，只是一种保有或获得。它属于事实或事实关系之外的另一个维度，简而言之，它属于认识论的维度。理性主义在认识论的面前停止了讨论。

因此，正如实用主义面向未来一样，理性主义在这里也再一次向后，面对着过去的永恒。这符合理性主义根深蒂固的习惯，且回归到“原则”上，认为一个抽象概念一经命名，我们就拥有了一个绝妙的解决方案。

这个截然不同的观点的绝妙方案对人生的影响将会出现在我之后的演讲之中。同时，我也希望通过说明理性主义的崇高并不能使它从空虚中解脱来结束今天的演讲。

也就是说，当你要求理性主义者通过准确说出他们对真理的理解来定义真理，而不是指责实用主义对真理观念的亵渎时，我能想到的积极的尝试只有以下两种：

1. “真理是要求我们无条件地认为有效命题的体系。”

2.真理是所有那些我们通过一种必要责任发现自己一定要做出判断的名称。

在这样的定义中，首要问题就是其中难以形容的琐事。当然，它们是绝对真实的，但是在你以实用主义的方式处理它们之前，它们又是绝对微不足道的。这里的“要求”是什么意思呢？“责任”又是什么意思呢？作为以正确的方式去思考为何对人们来说是绝对的权宜之计且是有利的具体原因的概括名称，谈论与现实一致的要求和与我们一致的责任都是正确的。我们感受到了要求和责任，而且我们是由于这些原因感受到的。

但是那些明确谈论其要求和责任的理性主义者认为它们与我们的实际利益或个人原因无关。他们认为，相对于任何一个思想家及其生命中的意外而言，心理学上的事实，是我们一致的原因。它们仅仅是他的证据，不是他的生命或真理本身的部分。这种生活将其自身放置于一个纯逻辑或认识论中，以区别于心理维度和它先前的要求，并且超越了一切个人动机。但是，无论是人类还是上帝，都应该明确真理的概念，真理这个词仍须被定义为应该被查明和识别的事物。

从某个具体的经验中提炼出来的抽象观点从来不会有比它更精确的例子来反对和否定这个具体的经验。

哲学和普通生活中有着丰富的相似案例。“感伤主义者谬论”（sentimentalist fallacy）就是在抽象的正义、慷慨和美丽等面前流泪，而且当你在街上遇到它们时，永远都不会发现这些特征，因为那里的环境使它们变得通俗。于是，我读了一本在私下发表的非常具有理性主义思想的传记，里面有这样几句：“奇怪的是，我弟弟对抽象美如此欣赏，却对精美的建筑、美丽的绘画和鲜花都没有任何热情。”而且在我读过的几乎是最后一部哲学著作中，我发现了这样的段落：“正义是理想的，只是理想的。理性相信它应该存在，但是经验表明它并不存在……真理，应该存在，却不存在……经验使得理性残缺不全。一旦有理性加入经验当中，它就站在了理性的对立面。”

这里“理性主义者谬论”（rationalists fallacy）与感伤主义者谬论完全一致。两者都从混杂的经验中提取出了一种特质，当将其提取出来时，发现它们是如此的纯粹，以至于将它们作为一个对立的、高级的性质与那些混杂的例子进行比较。一直以来这都是它们的本性。被验证、被证明的是真理的本性。它是验证我们观点的补偿。我们寻找真理的责任是我们所承担的普遍责任的补偿。真实的观点所带来的补偿是我们的责任追随它们的唯一原因。

同样的问题也存在于财富和健康当中。真理既没有其他的要求，也没有施加任何除健康和财富之外的东西。所有这些要求都是有条件的；我们获得的具体益处就是我们所说的追求责任的意义。在真理中，不真实的信念在长远看来是有害的，因为真实的信念是有益的。抽象地说，“真实”这个特性可以说是绝对珍贵的，但“不真实”这个特性是绝对可恶的：一个可以被无条件地称好，而另一个则反之。因此，我们应该强制性地去思考真实的，避开不真实的。

但是如果我们以字面意义对待这些抽象概念，并且在经验中反对其诞生的土壤，那么可以想象我们将自己置于了一个多么荒谬的立场之上。

我们无法在我们实际的思考中更进一步了。什么时候我们才能承认这个真理或是那个真理呢？我们应该大方承认还是低调默认呢？如果有时需要大方承认而有时需要低调默认，那么现在该选择哪一种方式呢？一个真理什么时候才可能进入百科全书的收藏之中呢？什么时候它又能出来发挥作用呢？我是否因为其永恒的要求和认识而必须不断重复“二二得四”的“真理”呢？还是有时它是无关紧要的呢？我的思想是否因为我确实具有罪恶和污点而必须昼夜存在于罪恶和污点之中呢？或者说，我是否可以为了成为一个良好的社会组成单元，而不做一个处于病态的忧郁和愧疚之中的人，从而淹没或忽视它们呢？

很明显，我们承认真理的责任是有很多条件的，与无条件还相差很远。当然，带有大写字母“T”的单数名词“Truth”（真理）抽象地要求被承认，但是复数形式的具体“Truths”（事实）只有当对它的承认是权宜之计时才需要被承认。在两者都与当时情况相关时，事实总是偏向于谎言；但当两者都与当时情况无关时，事实与虚假不沾一点边。如果你们问我现在几点了，而我告诉你们我住在欧文街95号，那么我的回答可能确实是真的，但是你们不明白为什么我有责任给出这个回答。给出错误的地址也可能是我的目的。

通过承认抽象命令的应用有条件在限制，事实的实用主义待遇在其自身的充实中回溯到我们的身上。我们与现实保持一致的责任被视为根植于一个完美的具体权宜之计的丛林当中。

当伯克利解释了人们对物质认识的意义时，人们认为他否认了物质的存在。现在，希勒先生和杜威先生解释真理的意义时，他们被指责否认真理的存在。批评家说，这些实用主义者破坏了所有的客观标准，把愚笨和智慧相提并论。一个广受欢迎的描述希勒先生的学说和我的学说的说法是，我们认为通过表达出一切自己想说的事情，并称其为真理，就满足了实用主义的所有要求。

我把这是不是一个无耻的诽谤这个问题留给你们来判断。事实上，实用主义者比其他任何人都更加清楚自己处在过去已有的真理与世界对他的看法的高压之间。谁能比他们更加深刻地感觉到思想对行为的客观控制的巨大压力呢？爱默生（Emerson）说，如果有人认为这条法律有所松懈，那就让他遵守这条法律一天吧。我们已经听说过很多关于想象力在科学领域的使用。现在是时候在哲学中运用一点想象力了。一些批评家们只愿意看到我们陈述中那些可能的意义的最愚蠢的部分，在我所知的近代哲学史上，他们的这种意愿和他们的想象一样差劲。希勒说，有效的就是真实的。因此，他被视为将验证削减到了最小物质效用的人。杜威说，真理能够满足需要。因此，他被认为是一个信奉“若为真则令人愉快”的一切都可称为真理的人。

批评家们当然需要对现实有更多的想象。我曾真诚地尝试扩展自己的想象力并且体会理性主义概念最佳的可能的意义，但是我必须承认，这仍让我感到困惑。一个现实的观念要求我们“同意”它，不是因为任何其他理由，仅仅是因为其要求是无条件的或超然的。我试图将自己想象成世界上唯一的现实，然后想象如果我被允许，那么我还会“要求”什么。如果你们提出，认为我能够要求，一个思想应该脱离空虚、复制自己的可能性，那么我确实可以想象这种复制的可能的意义，但是我想不到这样做的任何动机。如果进一步的结果是明确的，并且在原则上排除了我无法理解的动机或要求（正如理性主义声称的那样），那么复制能够为我自己带来什么好处，或者复制我自己能够为这种思想带来什么好处？当一个爱尔兰人的崇拜者们在宴会上用一个没有底座的辇轿将他带到宴会中时，他说："如果不是为了这件事情的荣耀，我可能会自己走过来。"因此，这里的"为了这件事情的荣耀"我可能依然认为是不可复制的。复制是一种真正的认知模式（由于一些奇怪的原因，当代先验论者似乎相互排斥），但是当我们超越复制并退回未经承认的形式，明确否认是复制品、引线、配件或任何其他实用主义定义的过程时，所谓"一致"的原因就变得难以理解。其中的内容和动机都无法想象。这是绝对毫无意义的抽象。

当然，在真理这个领域中，宇宙理性的真正捍卫者是实用主义者，而非理性主义者。

第七讲
实用主义与人文主义

对于理性主义来说现实永远都是现成的和完整的，而对于实用主义来说现实仍处于它未来性质的制造和等待之中。一方面宇宙是绝对安全的；另一方面它仍然处在对未知的追求当中。

在上次演讲中，我对真理的观点坚定了所有人的信念，这个观点是这一领域的典型谬论，即确定的、完全的真理的概念，被设想为一个不变的奥秘的答案。对于主流传统来说，如果这个答案是神谕的话，那就更好了。它本身就是唤醒奇迹的第二顺位的奥秘，而不是揭示它神秘面纱下所蕴含的东西。所有有关世界之谜的一个词的答案，例如上帝、某人、理性、法律、精神、物质、本性、分歧、辩证过程、思想、自我、超灵等，都以它们的奥秘吸引着人们的赞美。在哲学爱好者和专业人士看来，宇宙代表着一种奇怪的狮身人面像，它对人们的吸引力存在于人们对其占卜能力的乏味挑战之中。真理，一个多么完美的理性主义思想的偶像！我读了一封来自一位英年早逝的天才朋友的旧信，他说："在任何领域中，科学、艺术、道德和宗教，必然有一个系统是正确的，而其他的都是错误的。"青春特定阶段的激情表现地多么鲜明啊！在21岁时，我们面临这样的挑战，并期待找到这个正确的系统。但我们大多数人都不会成功，即使后来“真理是什么”这个问题不再是一个真正的问题（与所有条件都无关），而整个有关真理的概念是从多元真理这个事实抽象得来，只是一个有用的概括性短语，就像“拉丁语”或“法律”一样。

普通法的法官有时会谈论法律，而校长们则会谈论拉丁语，他们以这样的方式使他们的听众认为他们的决定或所说的单词和句法是先前就已经存在的物质，这是非常明确的，并且要求他们遵守。但是最轻微的反射作用让我们看到了法律和拉丁语都是这类事物的结果而非原则。合法和不合法行为之间的区别或是正确和不正确地讲话的区别，在人类经验的相互作用中偶然地成长了起来，而且信仰中的真实和虚假之间的区别永远不会长大。真理根植于先前的真理，并在这个过程中进行修改，就像习语嫁接在先前的习语之中，法律来自先前的法律一样。给定一个先前的法律和一个新颖的案例，法官会推动产生新的法律。给定一个先前的习语和新的俚语、隐喻或怪癖与大众的口味和欲望发生碰撞，就会产生新的习语。给定一个先前的真理和新的事实，我们的头脑就会发现一个新的真理。

然而，我们一直在假装永恒事物是铺开展现的，一个先前的正义、习语或真理只是简单的毁灭了，而没有被再制作出来。但是想象一下法庭上的一个年轻人用抽象的“法律”概念试图解决案件，或是一个演讲检查员以他“母语”的观念在剧院里审查，或是一位教授在他的演讲中用含有大写字母T的“真理”概念讲述真实的宇宙，那么他们的行为会产生什么样的改变呢？真理、法律和语言在与新颖行为的接触中消失了。这些我们在不断的前进中创造出了它们。我们的权利、过失、禁令、惩罚、词语、形式、习语、信仰，都是这样创造出来的，它们让自己跟上了历史发展的脚步。法律、语言、真理都不是先前推动进程的原则，它们只是其结果的抽象名称。

无论如何，法律和语言都被视为是人造的“事物”。希勒将这种比喻应用于信仰当中，并提出了“人文主义”的名称，这一理论在某种程度上还不确定真理也是人造产物。人类的动机使我们所有的问题都变得尖锐，人类的满足潜藏在我们所有的答案之中，我们所有的公式都存在一个人类的扭曲。这个元素在产品中无法解脱，以至于希勒有时似乎要将其当作一个是否有其他东西存在的开放性问题。他说：“这个世界本质上远大于二分之一，它是我们创造出来的。以其最初的形态或离开我们的作用来定义它是无益的；它就是由这些构成的，因此……这个世界是可塑的。”他补充说，我们只能通过尝试来了解可塑性的极限，而且我们应该当它是完全可塑的开始，在这个假设下有条不紊地行动，而且只有在我们被断然斥责时才停下。

这是希勒最重要的人文主义立场声明，而这也使他遭受了严重的攻击。我想要在这场演讲中捍卫人文主义立场，因此，我将对此做出一些评论。

希勒坦率地承认，在每一次真实的真理制造经历中，都有抗拒因素的存在，其中新的特殊事实必须加以考虑，而且必须“一致”。我们所有的真理都是有关“现实”的信念，在任何特定的信念中，现实都是作为独立的事物，作为一种被发现的而不是被制造出来的事物。现在让我们对上一讲的内容稍作回顾。

“现实”通常是真理需要考虑的问题。从这个角度来看，现实的第一部分是我们感觉的变化。感觉被强加在我们身上，而我们不知道它们从何而来。它们的性质、秩序和数量都不受我们的控制。它们既不是真实的也不是虚假的，它们只是感觉本身。只有我们对它们的描述，我们给予它们的名称，我们对它们的来源、性质以及遥远的关系的理论，可能是真实的或是错误的。

现实的第二部分作为我们的信仰所必须考虑进去的内容，就是我们的感觉之间或我们脑海中感觉的复制品之间的关系。这一部分又包含两个小部分：第一，变化和偶然的关系，日期和地点的关系；第二，那些因自身基于术语的内在性质之上而固定和必需的关系，例如相似性与不相似性。这两种关系都是即刻感知的问题。它们都是“事实”，但正是后一种事实形成了我们知识理论中更为重要的现实部分。也就是说，内在关系是“永恒的”，无论内在关系的感觉术语在何时被进行比较，它们都是可察觉的。而且，这种关系是我们的思想必须永远地将它们——这些所谓的数学逻辑思想考虑在内。

现实的第三部分，更多的是这些感觉（主要是基于它们）是每一个新的验证都要考虑到的先前存在的真理。第三部分是一个不怎么顽固抵抗的因素，它常常以让位而告终。谈到控制着我们信仰形成的现实的这三个部分，我只是在提醒大家我们上一次演讲的内容。

现在，不管这些现实因素如何固定，我们对它们的处理仍然有一定的自由。例如我们的感觉，它们自身毫无疑问是不受我们控制的，但是我们在结论中注意、标注并强调它们取决于我们自己的偏好，而且根据我们对不同地方的强调，真理就会出现不同的构想结果。同样的事实在不同的人看来是不同的。以相同的固定细节来看，“滑铁卢”对英国人来说代表着“胜利”，但对法国人来说就代表着“失败”。同样的，宇宙对乐观主义哲学家来说意味着“胜利”，但对悲观主义哲学家来说就意味着“失败”。

因此，我们所说的现实取决于我们看待它的角度。它的本质是其自身，但是我们描述的现实取决于那些标注和强调，而这些又取决于我们自己。现实的感觉和关系这两个部分都无法开口，它们绝对无法对自己有所表达，而我们则是它们的代言人。感觉的这种哑然使得像T.H.格林（T.H.Green）和凯尔德这样的理智主义者几乎把它们排除在哲学承认的范畴之外，但是实用主义者却相反。一种感觉更像是一个客户将自己的案子交给了律师，之后就顺从地在法庭上当一个听众，无论他对结果满意还是不满意，律师认为这是最合适的结果。

因此，即使是在感觉领域，我们的思想也会做出一个主观的选择。通过我们的包容和遗漏，我们追踪着感觉领域的范围；通过我们的强调，我们标注出了它的前景和背景；通过我们的顺序，我们以某种角度来看待它。我们只是简单地得到了一块大理石，但是却以自己的方式进行雕刻。

上面所说的同样适用于现实的“永恒”部分：我们打乱了我们对内在关系的感觉，以自由的方式做出安排。我们以某种系列的顺序去看待它们，也将它们以某种方式进行分类，将某一种感觉当作更加基本的感觉来对待，直到我们由这些事实衍生出来的信念以逻辑学、几何学或算数等为人所知，所有的这些，每一个的形式和顺序都确实是人造的。

因此，更不用说人类通过自己的生活行为给现实补充新的事实了，他们已经把自己的精神形态印在了我们称为“先前真理”的现实的三个部分中去了。虽然每一个小时都能带来新的感觉，感觉和关系本身的事实都真正地被考虑在内，但是我们过去对这些事实的处理是基于先前真理之上的。因此，只有现实的前两部分中最微小和最新的部分在没有被人接触的情况下被我们发现，而这一部分在达成一致、被同化或通过某种方式被适应时又立刻变得人性化了，并且和其他已经被人性化的感觉一样。事实上，我们几乎无法在没有预先设想可能出现的感觉的情况下完全接受一个感觉。

当我们谈论“独立”于人类思想的现实时，感觉似乎很难被发现。在任何关于原始形态的信念还未成形之前，在任何人类概念还未应用之前，它削减了刚刚进入经验中还没有被命名的概念，或者是一些想象中经验的原始形态。这些是完全哑然而短暂的，仅有的想象限制了我们的思想。我们可能能够瞥见它，但是我们永远抓不到它；我们抓到的总是它的一些替代品，是经前人的思想处理过的感觉。如果可以以这样粗浅的方式来表达，那么我可以说，无论我们是在哪里找到的它，它都是伪造的。这就是希勒所说的独立的现实只是一个不抵抗的二分之一，而这部分只能由我们来创造。

这是希勒对于现实的核心观点。我们与它邂逅，但却无法拥有它（布拉德利的话）。从表面上看，这听起来像是康德的观点，但是在性质出现之前类别之间的争论很激烈，而类别在性质形态中逐渐成形，理性主义和经验主义之间的分歧就存在缺口。对于真正的康德主义者希勒来说，康德永远是崇高的。

其他实用主义者可能会对现实的感性核心具有更加积极的信念。他们可能会想要通过剥离连续的人造包装来达到感觉的独立性。他们可能会提出一些理论来告诉我们感觉来自何方以及所有有关感觉的事情，如果这些理论令人满意的话，那么它们就是真实的。先验理想主义者认为没有核心，最后完成的包装是现实和真理的合体。经院哲学仍然教导我们这个核心是“物质”。伯格森教授（Professor Bergson）、海曼斯（Heymans）、斯特朗（Strong）等人相信核心是存在的并勇敢地去给它下定义。杜威和席勒将它当作一个“限制”。所有这些不同解释中哪一个才是真实的？或者与其他解释相比，哪一种解释会最终令人满意？一方面是现实；另一方面是对它的解释，证明不可能性更好或可以改变。如果不可能性被证明是永久的，那么解释的事实就会是绝对的。我再也找不到有关事实的其他内容了。如果反实用主义者找到了任何其他的意义，请他们揭示出来，给我们接近它们的机会。

真理既然不是成为现实，而只是我们关于现实的信念，那它就包含人的元素，但是这些信念将会在唯一感觉中知道非人的元素，这种感觉可以包含任何知识。是河流冲积形成的河岸还是河岸塑造了河流的流向？人们走路时更离不开右腿还是左腿？在我们知识经验的增长过程中，将现实与人的因素分开是不可能的。

让这一立场作为人文主义立场的第一个简短的指示。这看起来是自相矛盾的吗？如果是，那么我会尝试通过几个例子来证明它的合理性，这可以让我们对这门学科有更全面的了解。

在许多熟悉的物体中，所有人都能够辨认出人的元素。我们以这样或那样的方式构想出一个给定的事实以适应我们的目的，而且现实被动地服从于这个概念。例如，27可以是3的立方，可以是3和9相乘的结果，也可以是26加1得到的，还可以是100减去73的结果，或者以其他更多的计算方式得出的结果，每一种结果都一样真实。再比如，象棋棋盘可以被当作是在白板上涂上了黑色方块，也可以被认为是在黑板上涂上了白色方块，又或者这两种想法都是错误的。你可以把邻接图形看作一个星形，也可以将它看作两个大三角相互交叉形成了一个各角相互搭立的六角形，还可以看作六个一样的三角形互相搭成的，等等。这些看法都是真实的——人们对纸上那个形状的感觉不会抵抗上述任何一种看法。你可以说一条直线是向东的，也可以说它是向西的，而这条线本身并不管这两种说法的矛盾，两种说法它都可以接受。

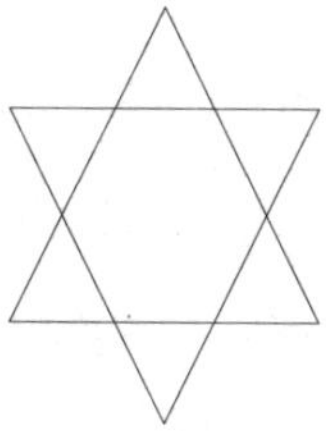

看上面这个图，我们可以认为是把天空中的星星相连，并称其为星座。这些星星只是任由我们这样做——即使它们知道我们在干什么，它们中的一部分可能也会为我们分配给它们的伙伴而感到惊讶。我们会以不同的名称命名相同的星座，例如“北斗七星”“大熊星座”“长勺星”，这之中没有一个名称是虚假的，每一个名称都与其他名称一样真实，因为所有的名称都适用于这个星座本身。

在所有的这些情况中，我们人为地添加了一些感性的现实，而现实则容忍了所有的这些添加。所有的添加物都与事实保持一致，它们建立在现实之外但又都符合现实。所有的这些添加没有一个是假的。但是哪一个更加真实则取决于人们对它的使用。如果我在抽屉里放了28美元，但我只找到了27美元，那么27就是由28减1得到的。如果我想制作一个26英寸宽的柜子，那么27就是由26加1得到的。如果我想要用优美的语言形容天空中我们所看到的星座，那么“北斗七星”会比“长勺星”更加合适。我的朋友弗雷德里克·梅尔斯（Frederick Myers）幽默地说，那个神奇的星群只能让我们美国人联想到烹饪用具。

我们到底应该怎样称呼一个事物呢？称呼似乎都是非常武断的，就像我们划分出的星座一样，我们的创造都是为人类的目的服务的。对我来说，在场的所有观众就是一个“事物”，它现在还没有被满足，还彬彬有礼。现在我还用不到它的个体单元，所以我不去考虑它们。“军队”“国家”都是如此。但是女士们、先生们，在你们自己眼中，将你们称为“观众”是一种偶然的方式。对于众人来说，你们每一个个体才是永远真实的事物；对于解剖学家来说，这些个体仅仅是器官，因此真实的事物是器官；

对于组织学家来说，真实的事物又不再是器官，而是由细胞构成的；对于化学家来说，真实的事物就不是细胞，而是分子了。

我们按照自己的意愿将感性现实的变化分解为各种事物。之后，我们创造了自己真实的和虚假的论点的主题。

同样，我们也创造断言。许多事物的断言只是表达事物与我们以及与我们的感觉之间的关系。这种断言当然是人为的添加物。恺撒越过卢比孔河，对罗马的自由构成了威胁。而在美国学校中，学生的作品也反映出他是一个被美国学生讨厌的人。这个附加的断言与早期对他的断言一样，都是真实的。

可以看出人们是如何自然地贴近人文主义原则的：我们不能抹去人类的贡献。我们的名词和形容词都是人文化的传家宝，它们建立在理论之中，其内在的秩序和安排完全是由人的考虑决定的，理智一致性就是其中之一。数学和逻辑学本身是人类重新排列的产物，物理学、天文学和生物学遵循着大量有偏好的线索。我们带着祖先和我们自己已有的信念进入了全新的体验之中，这些决定着我们能注意到什么；我们注意到的事物又决定着我们怎么做；我们的做法又决定着我们的经历。虽然不变的事实仍然是一种感觉的变化，但从一件事到另一件事的真实似乎从始至终在很大程度上都是我们自己创造出来的问题。

我们不可避免地创造了变化。最大的问题是：随着我们的添加，它的价值是增加了还是减少了？这些添加物到底值不值得？假设宇宙由七颗星组成，而且只存在三位目击者和他们的评论。一位目击者将这些星星命名为“大熊星座”，另一位目击者称它们为“北斗七星”，第三位目击者将它们称作“长勺星”。在现有星球的情况下，哪一个人为的添加物会使得宇宙变得更好呢？如果由梅尔斯来是评论的话，他会毫不犹豫地“拒绝”美国目击者的评论。

洛策（Lotze）曾在多个地方提出了一个更加深切的建议。他说，我们总是天真地假设，现实和我们的思想之间的关系可能与真实相反。我们自然而然地认为现实是现成的、完整的，紧接着，我们的智慧又以描述现实的简单职责将它描述为“先前的”。洛策就反问，但是我们的描述难道不是对现实的重要补充吗？难道先前存在的不是先前的事实本身吗？更不用说为了再现的目的而不去改变我们的知识，或是为了激发我们思想的目的而以这些添加物来增加宇宙的总价值了。“发现的存在的增量”（Die er höhung des vorgefundenen daseins）这是欧肯教授（Professor Eucken）在某个地方使用过的一个短语，它的提出受到了伟大的洛策的启发。

这与我们的实用主义概念相同。在我们的认知以及鲜活的生活之中，我们是具有创造力的。我们在现实的主题部分和断言部分之中都有所添加。这个世界确实是可塑的，等待着我们对它最终的塑造。就像天国一样，它自愿地承受着人类的暴力。人类在它之上创造着真理。

没有人能够否认这样一个角色会增加我们作为思考者的尊严和责任。对一些人来说，这是一个非常鼓舞人心的观念。意大利实用主义领袖帕佩尼在这种观点的激发下，对人类如神一般的创造功能相当狂热。

在整个范畴之中，实用主义和理性主义之间差别的重要性现在已经一览无余。这个非常重要的差别是，对于理性主义来说现实永远都是现成的和完整的，而对于实用主义来说现实仍处于未来性质的制造和等待之中。一方面宇宙是绝对安全的；另一方面它仍然处在对未知的追求当中。

这种人文主义的观点使我们陷入了困境，因此其周围聚集了大量的误会也就不足为怪了。它被指责为是一个反复无常的教条。例如，布拉德利说，如果一个人文主义者理解他自己的学说，就必须做到“如果他坚持自己的观点，那么任何错误的结果都是理性的；任何疯狂的想法都会是真理，只要有人决定去拥有这种真理”。理性主义者眼中的“现实”是对抗而又可塑的，它支配着我们的思想，使思想成为一种必须被不断考虑到的能量（不一定只是复制），这种现实，显然很难介绍给初学者们。这种情况让我想起了我亲身经历过的一件事情。我曾经写过一篇关于我们相信权利的文章，我恰巧将“意愿”称为“相信”。所有的评论家都忽略了这篇文章，却猛烈地抨击这个题目。从心理上讲这是不可能的，从道德上讲这是不公正的。“欺骗的意愿”和“虚构的意愿”都被巧妙地取代了。

现在展现在我们面前的实用主义和理性主义之间的替换，已经不再是认识论中的一个问题了，它涉及了宇宙本身的整体构造问题。

从实用主义的角度来看，宇宙只有一个版本，它是未完成的，所有的地方都在不断地发展，尤其是那些有人类进行思考的地方。

从理性主义的角度来看，宇宙具有许多版本，有一种实际的版本有无限的容量，或者说永远完整；还有各种各样有限的版本都充满了错误的解读，以各自的方式曲解和毁坏。

因此，多元论和一元论的对立形而上学假设再一次回到我们的研究中。我会用接下来的时间探究它们之间的差别。

首先我要说，在选择立场的时候不可能看到工作中的性情差异。从根本上说，理性主义思想是一种教条主义和权威的性质。“必须”这个词永远被它挂在嘴边。理性主义的宇宙必须时刻绷紧它的腰带。另外，激进的实用主义者是一个逍遥自在的无政府主义者。如果他必须像第欧根尼（Diogenes）那样住在一个木桶里，那么他完全不会在意，只要箍圈适中，阳光能从缝隙之中透进来。

现在，这个松散的宇宙理念影响着典型的理性主义者，这和“新闻自由”可能对俄罗斯审查局的资深官员造成的影响相似，也与“简化拼写”可能对资深教师造成的影响相似。典型的理性主义者们就像一群新教徒影响着天主教观望者一样。它在原则上和“机会主义”（opportunism）在政治上对于一个老派法国正统主义者或一个人民神圣权利的狂热信徒一样老套而贫乏。

对于多元化的实用主义来说，真理在所有有限的经验之中发展成长。它们互相依靠，但是一旦作为一个整体，它们便无所依靠。所有的“家”都是无限的体验，而无家可归则是有限的体验。除了这种不断改变的状态之外没什么能对真理进行保证。它只能从自身固有的承诺和力量中期望得到拯救。

对于理性主义者来说，这是一个流浪的、漂泊不定的世界，它漂浮在太空之中，在这之上既没有大象的脚印也没有乌龟的足迹。这是一组即使有一个重力中心向后拉着也要冲向天堂的恒星。在生活的其他方面，我们确实已经习惯了生活在一个相对不安全的状态中。“国家”的权威以及绝对的“道德规范”的权威已经将自己变成了权宜之计，而神圣的教堂已经将自身变成了“会议室”。哲学教室现在还没有发生这种变化。这样一个我们致力于创造其真理的宇宙，一个实现我们的机会主义和个人判断的宇宙！爱尔兰的统治则是一个幸福未来的对照。我们不再适合这一部分，就像菲律宾人“适合自治”一样。在大多数哲学教授眼中，这样的世界是不受尊敬的，哲学地讲，它就是一个没有标签的树干，一只没有项圈的狗。

那么，根据教授们的说法，什么才能收紧这个松散的宇宙呢?

为了束缚它，支持有限的许多东西都将它统一并锚定。一些未暴露的意外，一些永恒的、不变的事物。经验中的变化必须建立在不变的基础之上。要紧握我们实际的世界以及我们世界的行动，就必须有一个固定的、先前的在法律上完全一样的复制品存在，还有所有这里已经发生的事情，每一滴血，每一个微小的东西都被指定、规定，也都被盖章、烙印，没有再变化的机会了。

我们的理想，在现实中不能实现，那必须就是在绝对真实中被自我否定。只有这样才能使宇宙变得坚固。这是深入的休息。但随着我们的锚的指向抓住了岩石的底部，我们只是生活在暴风雨的边缘上。这就是沃兹沃斯（Wordsworth）的“中心的平静存在于无尽骚动的中央”。这是我要读给你们听的维韦卡南达的神秘之作。这是带着大写R的“现实”，是制造永恒主张的现实，是不会出现反驳的现实。这就是有原则的人们，也就是在第一次演讲中我称作灵活的思想的人们，他们认为自己有假设的义务。

而这一点，正好是那场演讲中的刻板的思想发现自己被这一点改变而崇拜一种错误的抽象。刻板的思想认为开端和结局是事实的人。正如我的刻板思想的老朋友，在我年轻时期哈佛大学的伟大经验主义者查西·莱特（Chauncy Wright）曾经说的，在这些显而易见的事实背后，什么都没有。当一个理性主义者坚持在事实的背后是承载事实的基础，是事实的可能性时，刻板的经验主义者就会指责他考虑的仅仅是事实的名称和性质，并将它们当作独立存在的复制品而在事实背后拍案叫好，让它们变得可能。这种欺骗通常都是臭名昭著的。在一个外科手术中，我听到一个旁观者问医生为什么病人的呼吸这么深。医生回答说：“因为乙醚是一种呼吸的兴奋剂。”提问的人说了一句“啊！”，就好像从这个解释中解脱了一般。但这个回答就像是说氰化钾中毒是因为氰化钾有毒，或今晚这么冷是因为现在是冬天，或一只手有五个手指是因为我们的手是五指的一样。这些只是从绝对事实中获取的名称，然后被当作了这个事实的解释。根据激进的刻板思想，灵活的思想对于绝对事实的观念正是构建于这一模型之上的。它只是我们对大量涌现出的现象的概括性名称，它被视作一个不同的实体，是整体的，也是先前的。

可以看出人们对待事物的方式有多么的不同。我们生活的世界存在传播和分布，它们以无数无限个体的形式存在，也在各种方式和程度上保持着一致，而刻板的思想群体非常愿意保持它们的价值。他们可以忍受这样的世界，他们的性情很好地适应了它的不稳定性。但灵活的思想群体不行。他们必须回到我们发现自己出生的那个“另一个更美好的”世界中，在那个世界里，这些个体形成了一个整体，而这个整体是一个在逻辑上假设、牵引并确保每个个体都包括在内的个体。

作为实用主义者我们必须是激进的刻板主义吗？或者我们能把那个绝对版本的世界当作一个合法的假设吗？这当然是合法的，因为无论我们认为它的形象是抽象的还是具体的，它都是可以想象的。

我所说的抽象地看待它，意味着将它置于我们有限的生活背后，就像我们将“冬天”这个词置于今晚寒冷的天气之后一样。“冬天”只是我们发现的一般情况下，一些具有寒冷天气特征的特定日子的名称，但是它不能保证任何事情，因为明天的温度可能会飙升到70℉。然而，这个词是有用的，我们可以将它投入我们的经验当中。它排除了某些可能性并建立起了另一些概率。你可以收起你的草帽、取出你的御寒衣物。它是对要去寻找的事物的总结。它命名了一部分自然习性并让你为接下来的事情做好准备。它是从经验中提炼出来的一种明确的工具，是一个你必须考虑的现实，它将你完完全全地反映到感觉的现实之中。实用主义者是最不会否认这种抽象现实的人了，他们有充分的过去经验的储备。

但是采用这个绝对版本的世界具体上指的是一个不同的假设。理性主义者把它具体化并让它与有限版本的世界对立。他们赋予了它一个特定的性质。它是完美的，完成了的。那里所有已知的事物都与其他的事物一同被知晓；否则被无知统治的这里，就很遥远。如果那里有希望，那么那里就是满意的。这里的一切只是过程，这个世界是永恒的。在我们的世界里存在可能性；在绝对的世界里，所有的不可能都来自永世的不可能，而所有的可能都是必要的，可能性的范畴是没有用途的。在这个世界中，犯罪和恐怖事件都是令人遗憾的。在那个整体的世界中，遗憾不会发生，因为“短暂秩序中的病态存在是永恒秩序中完美的必要条件”。

再者，任何一种假设在实用主义者眼中都是合情合理的，因为要么是抽象地使用假设，要么像“冬天”这个词一样，被视为给我们指引未来的过去经验的记录，而绝对世界的概念是必不可少的。具体地说，这也是不可或缺的，至少对某些人来说是不可或缺的，因为它通常通过决定他们的宗教信仰来改变他们的生活，并通过改变他们的生活改变外在秩序中取决于他们的任何事情。

因此，我们不能有序地加入刻板思想对超越我们有限经验的世界观的拒绝之中。一个对实用主义的误解是以实证主义刻板思想来看待它，去假定它将一切理性主义观念蔑视为胡言乱语和指手画脚，假定它喜欢理智的无政府状态，也更喜欢一种野性世界绝对的荒野和随性，并且对哲学教室中的产物没有任何制约和束缚。我在这个讲座中已经针对理性主义过于灵活的形式说了很多，我也做好了产生误解的准备。但是我承认，这些观众中竟存在大量的误解，这让我很是吃惊，因为我同时也捍卫着理性主义假设，直到这些理论将你们的成果完全引向经验中去。

例如今天早晨，我收到的一张明信片上写道：“实用主义者一定是一个完全的唯物主义者和不可知论者吗？”一位应该更了解我的老友给我写了一封信，指责我所提倡的实用主义将所有更广泛的形而上学观点拒之门外，并且还谴责了最荒谬的自然主义。我给你们念一些其中的内容，你们听听。

我的朋友写道：“在我看来，实用主义反对实用主义的原因在于它可能加重了狭隘思想的狭隘性。”

“你对拒绝感伤和懦弱的呼吁当然是鼓舞人心的。虽然你所说的一个人应该对他的言论和思想所产生的即时问题和关系负责这一点非常有益，但是我却不愿意减少住所和远处的遭遇及问题带来的乐趣和利益，而且拒绝这个特权是一种实用主义趋势。”

“简而言之，在我看来，实用主义趋势的局限性，或者更确切地说是危险性，和那些困扰‘自然科学’的粗心追随者一样。化学和物理是非常务实的学科，而且许多为之奉献的人都对哲学学生和形而上学学生感到一种无限的怜悯和鄙视，他们对自己的测量数据感到满意而沾沾自喜。当然，所有的一切都可以表达出来——勉强地，‘理论上’——就化学和物理而言，也就是说，除了一切整体上的重要原则之外，所有的一切在试图表达上没有实用用途；它对它们来说没有任何关系。就我而言，我拒绝被说服，我们不能超越自然主义者和实用主义者的明显多元论看到一个他们不感兴趣的逻辑统一体。”

在我前两次演讲之后，我所主张的这样的实用主义概念怎么才能被接受？我一直把它明确地表述为介于刻板的思想和灵活的思想之间的中间物。如果一个世界观是柏拉图式的，那么无论将它当作如“冬天”这个词一样的抽象，还是和绝对事物的假设一样具体，都可以显示对我们生活的影响，它有一定的意义。如果这个意义是有效的，对于实用主义来说它将含有一些应该通过所有可能的重新表述来保持的真理。

绝对的假设，即完美是永恒的、原始的、最真实的，具有绝对明确的意义，并且它虔诚地工作着。至于它是如何工作的，有怎样的意义，将是我们下一讲的主题。

第八讲
实用主义和宗教信仰

唯一完全理性的世界将会是“愿望帽”的世界、心灵感应的世界，在这个世界里，每一种欲望都是立刻得到满足的，而不必考虑或安抚周围或之中的力量。这是绝对的自己的世界。

在上一次演讲的最后，我再次提到了刻板的思想和灵活的思想，并且主张实用主义是它们的中间物。刻板的思想与我们有限的经验不谋而合，坚定地拒绝了灵活的思想关于无限的完美版本的宇宙的假设。

根据实用主义原则，我们不能排斥任何结果对我们生活有益的假说。作为需要考虑的事情，普遍概念对实用主义而言可能与特定的感觉一样真实。如果它们没有用，那么它们就没有意义也没有现实。但如果它们有任何一点用处，那么它们就具有等量的意义。而且，如果这种用处与生活的其他用途保持一致，那么这种意义就是真实的。

当然，绝对事物的用途是通过整个人类宗教信仰的历史来证明的。上帝一直保佑着世界。想一想维韦卡南达对“阿特曼”（atman）的用处：它确实不是一种科学用途，因为我们不能从中得到任何详细的推断。它是情感和精神的结合。

通过具体的事例进行分析总是最好的讨论方式。因此，让我读几段沃尔特·惠特曼（Walt Whitmam）的诗《致你》——“你”当然代表着诗人的读者或听众，无论他们是男是女。

不管你是谁，现在我把手交给你，你成了我的诗；
我凑近你耳边悄悄告诉你，
我爱过许多女人和男人，但我最爱的人是你。

唉，我曾迟钝又愚蠢，
我早该径直向你奔去，
我早该除了你什么都不说，除了你什么都不赞美。

我要放下一切来赞颂你；
没有人理解过你，但我理解你；
没有人公正地对待过你——你也没有公正地对待过自己；
没有人不挑你的毛病——只有我发现你没有任何不完美。

啊，我能歌唱你的伟大和光荣！

你还不认识自己——你一生都在麻痹自己；

你做过的事情已经成为笑柄。

但那些笑柄不是你，

它们之下，它们之中，我看到你潜伏着；

在没有人追踪你的地方，我追踪着你，

沉默、书桌、滑稽、黑夜、日常，假如这些蒙蔽了你和他人，使你们无法看到你自己，它们却没有将我蒙蔽；

刮净的脸、游移的眼、复杂的脸，假如这些蒙蔽了他人，它们却无法将我蒙蔽；

靓装、丑态、酗酒、贪婪、早亡，统统被我甩在一边；

凡男女皆有的天赋，你都有；

凡男女皆有的美德和美貌，你都有；

凡男女皆有的勇气和毅力，你都有；

等待他人的良辰美景，也同样等待着你。

不管你是谁！要不顾一切伸张你的权利！

和你相比，这些东方和西方的景象平淡无奇，

这广阔无垠的草原——这奔腾不息的河流——你就像它们一样广阔无垠，一样奔腾不息。

你就是它们的主人，

你是有权掌管自然、万物、痛苦、激情和死亡的主人。

脚上的镣铐已经卸下——你找到了永恒的满足；

不管你年老年少、是男是女、粗鲁与否、卑贱与否、孤立与否，尽管亮出你的本色；

经历出生、一生、死亡、埋葬，它们的方式应有尽有；

经历愤怒、失败、野心、无知、无奈，做自己，选择自己的路。

（参考《草叶集》，2015，上海译文出版社）

在任何情况下，这都是一首精致而动人的诗，但有两种方式

来解读它，这两种方式都很有用。

一种是一元论的方式，纯粹宇宙情感的神秘方式。辉煌和伟大，它们绝对是属于你的，即使在你的痛苦之中。无论在你身上发生了什么，无论你看起来怎么样，在内心中，你都是安全的。回顾你存在的真实原则！这是“寂静主义”（quietism）、“冷漠主义”（indifferentism）著名的方式。它的反对者将它比作精神鸦片。然而，实用主义必须尊重这种方式，因为它具有巨大的历史性辩护。

但实用主义有一种更尊敬的方式，那就是以多元化的方式来解读这首诗。这个如此荣耀，甚至以歌赞颂的“你”，也许意味着你对待自己和他人的更好的可能性或者甚至是对你的失败的特殊救赎。它也许意味着你对自己敬佩和喜爱的人的可能性的忠诚，你会愿意接受自己贫穷的生活，因为那是荣耀的。至少，你可以欣赏、称赞以及为观众提供这样一个勇敢的世界；忘却自己的卑下之处，只考虑你生命中的崇高；穿越愤怒、丢掉无知和厌倦，无论你是谁，都要做自己，都要选择自己的道路。

无论以哪种方式解读这首诗，它都鼓励人们忠实于自己。这两种方式都能满足这个要求，都认可人类的改变。它们都在完美的背景中刻画着你的肖像。但是第一种解读方式中的背景是静态的，而第二种解读方式则意味着多元化中的可能性，真正的可能性，而且它含有这个概念中所有的躁动因素。

这首诗的两种解读方式都足够高尚；但很显然，多元化的方式最符合实用主义性情，因为它立即表明了我们脑海中无数的未来经验的细节。它在工作中设定了我们的明确活动。与第一种方式相比，第二种方式似乎平淡无奇，但没有人能够以残忍的语言去指责它的刻板的思想。然而，作为实用主义者，如果你积极地运用第二种方式，反对第一种方式，那么你很可能会产生误解。你会被指责否认崇高的概念，并且成了最恶劣意义上的一个刻板的思想的盟友。

你们应该还记得我在以前的演讲中读过听众来信的一些摘录，现在我要给你们读另一封信的摘录。它展示出我们面前的两种方式对在我们之前的替代品的模糊的认识，而这我认为是普遍存在的。

“我相信多元论，”我的记者朋友写道，“我相信在寻求真理时，就像在无垠的海面上从一块浮冰跳到另一块浮冰，每一次跳跃，我们都使新的真理成为可能，也让旧的真理变得不可能；我相信每个人都有责任让宇宙变得更好，如果不这样做，我们将永远无法完全认识宇宙。”

“与此同时，我也愿意忍受我的孩子们无法忍受的痛苦和苦难（因为他们不是），我自己也很愚蠢，但我的大脑还足够让我看到我的愚蠢，只有在一种所有事物的合理统一的情况下，即通过构建、想象和推理，我可以将我的活动、我的思想和我的麻烦作为补充。通过世界的所有其他现象，以及这样补充时形成的我自己所赞同和采纳的计划；而且我拒绝相信我们无法超越自然主义者和实用主义者的明显多元主义，去得到一个它们不感兴趣的逻辑统一体。”

这种个人信仰的良好表达会温暖听者的心。但是，他的哲学思维有多清晰呢？作者是否在解读世界所有诗歌时一贯支持一元论或多元论呢？他又补充说，当他的问题得到弥补时，他的麻烦就被解决了。也就是说，通过其他现象可能提供的所有补救措施来进行弥补。很显然，在这里作者面对特定的经验，这些经验他是以多元向善的方式进行解释的。

但他相信自己要向后看。当他谈到他称为事物的理性统一体时，他确实一直意指它们可能是以实验为依据的统一。因为他批判理性主义的抽象统一，所以他同时认为实用主义者不相信许多具体救赎的可能性带来的安慰。他未能简单地将世界的完美视作一个必要的原则，以及仅仅将它视为一个可能的终极特征区分开来。

我认为这封信的作者是一位真正的实用主义者，但他却是一位不知名的实用主义者。在我看来，他是我第一次演讲中提到的众多哲学爱好者之一，他们希望拥有一切美好的事物，但在关于他们在同意或不同意“所有事物的理性统一”是一个非常鼓舞人心的公式这一问题上不会过于谨慎，以至于挥舞炫耀它。并且抽象地指责与它冲突的多元化（因为这些名字确实是冲突的）。具体而言，他的意思只是实用主义的统一和改善的世界。我们大多数人还停留在这个基本的模糊概念中，我们就应该这样做。但为了保持头脑清醒，我们中的一些人应该走得更远，所以现在我会更多地关注这个特定的宗教问题。

那么，这个“你们”中的“你”，这个绝对真实的世界，这种产生道德灵感并具有宗教价值的统一体，应该以一元还是多元的眼光去看待呢？它是存在于物质中还是存在于精神中？它是一个原则还是一个终结，是绝对事物还是基本事实，是第一个还是最后一个？它会让你向前看还是向后退？将两件事集中在一起当然是不值得的，因为如果仔细辨别，它们对生命显然有着不同的意义。

请注意，整个两难问题实际上是围绕世界理智的可能性概念在旋转，理性主义将它的绝对统一原则作为许多事实的可能性的基础。在情感上，把它看作可能性的容器和限制，以此来保证结果是好的。通过这种方式，绝对事物使得一切美好的事物都是确定的，所有坏事都成为不可能（即在永恒中），并且可以说将各种可能性转化为更安全的类别。在这一点上，人们认为伟大的宗教差异在于坚持这个世界必须与将会是什么样的人们，以及那些满足于相信世界可能会是什么样的人们之间。因此，理性主义和经验主义宗教的全部冲突超过了可能性的效力。因此，有必要从关注这个词开始思考。"可能"一词可能有什么确切的意义呢？对不反思的人来说，"可能"意味着一种比存在更加不真实、比不存在更加真实的第三种财产，它是暮光之境，是混合的状态，是一种有史以来现实内外的中间状态。

这样的概念当然太含糊不清了，无法令我们满意。与其他地方一样，在这里提取术语含义的唯一方法是使用实用主义的方法。当你说某件事情可能的时候，它会造成什么区别呢？至少这种区别在于如果有人称它是不可能的，你可以反驳他；如果有人称它是真实的，你也可以反驳他；如果有人称它是必要的，你还是可以反驳他。

但是这些反驳的特权没有太重的分量。当你说一件事情是可能的时候，就实际的事实而言这不就能产生一些更深远的差别吗？

如果那种说法是真实的，那么它至少会造成这种负面差异。由此可见，没有任何现存的能力能够阻止可能发生的事情。缺乏真正的干涉理由可能会使事情变得可能，所以“可能”是一种抽象的意义。

但是，大多数可能性并不是抽象的，它们是有具体基础的，或是扎实的，就像我们所说的那样。这有什么实用主义的意义呢？这就意味着，不仅不存在妨碍条件，而且可能事物的某些生产条件实际上就在这里。因此，一只具体的可能的小鸡意味着：（1）小鸡这个理念在本质上并未自相矛盾；（2）与男孩，小人或其他敌人无关；（3）至少存在一个实际的鸡蛋。可能的小鸡意味着实际的鸡蛋——还有实际的正在孵小鸡的母鸡或孵化器，或什么都没有。当实际条件接近完整时，小鸡就成为更好更具基础的可能。当条件完全达到时，它就不再是一种可能性，而是变成了一个实际的事实。

让我们将这个概念应用到世界的救赎中去。说“这是可能的”，它有什么实用主义意义呢？这意味着世界救赎的一些条件确实存在。它们存在得越多，你能发现的妨碍条件就越少，救赎的可能性的基础就越雄厚，解救的事实就越是可能。这些就是我们对可能性的初步看法。

现在，有关类似世界的救赎这种问题，要是有人提出，我们的立场一定是漠不关心并保持中立的，这就反驳了生命的精神。任何假装保持中立的人都会在这里写下自己的愚蠢和虚伪。我们都希望最小化宇宙的不安全感；当我们认为它暴露给了每一个敌人并向每一个破坏生命的蓝图开放时，我们都会不高兴。尽管如此，还是有不快乐的人认为世界的救赎是不可能的。他们的学说被称为悲观主义。

相反，乐观主义会认为世界的救赎是不可避免的。

在这两者之间存在可称为社会向善论的学说，但它们至今还未被视作一种学说，而是被视为一种对人文事物的态度。乐观主义一直是欧洲哲学中的主流学说。最近才由叔本华（Schopenhauer）引入了悲观主义，并且它还没有系统的维护者。社会向善论把救赎视为既不可避免也不可能的事情。它把它视为一种可能性，这种可能性越大，实现救赎的实际条件就会变得越多。

很显然，实用主义一定倾向于社会向善论。世界的救赎的某些条件实际上是存在的，实用主义不可能不理会这个事实。如果使其他剩余的条件也被满足，那么救赎就能够成为一个既定的现实。当然，我在这里使用的术语是非常概括性的。你可以用任何你喜欢的方式来解释“救赎”这个词，并按你的想法把它当作一个四散分布的，或者必需的现象。

举个例子，我们这个房间里的任何一个人都有他所珍视并愿意为之生活和工作的理想。每一个这样的理想都将成为世界的救赎中的一个时刻。但是这些特殊的理想并不是完全抽象的可能性。它们是有基础的，它们是“活着的”可能性，因为我们就是它们的生命捍卫者和保证者，而且如果能够得到补充条件，那么我们的理想将成为现实。现在这些补充条件是什么呢？它们首先是这样一种混合的东西，就像足够持久的意志将会给我们一个机会，之后它们会成为一个我们可以跳入的缺口，最后变成我们的行为。

只要我们的行为为自己腾出空间，只要它跳入那个缺口，它就能够创造世界的救赎吗？它是否并非创造了整个世界的救赎，而是这些行为本身就涵盖了世界的范围？

我在这里不顾整个理性主义者和一元论者群体，迎难而上，不惧谴责，我问为什么不呢？我们认为，自己的行动和改变，在我们自己看来是得以成长的，都是世界上与我们最亲密的一部分，是我们的知识最精通、最完整的部分。为什么我们不应该发挥它们的价值？它们为什么不能成为那个它们似乎就是的那些世界的实际转变和成长？为什么不是那些我们在发展中抓住事实的有关存在的研讨会呢——以至于世界不会以除此之外任何其他的方式发展呢？

不合理的！我们被这样告知。新的存在怎么能独立地来到此处，随机地加入或离开呢？我们的行为一定有一个理由，而且在最后的方法中，世界整体性质的物质压力或逻辑强迫中的任何理由都可能被找去救赎。在任何地方，都只能有一个真正的发展代理或表面发展的代理，而且这个代理本身就是世界整体本身。如果发展，它可能会全面发展，但单一部分的发展是不合理的。

但是，如果一个人谈论理性和事物的理由，并且坚持说它们不能到达目标地点，那么所有事情都会出现的最终原因会是什么呢？如你所愿，谈到整个哲学范畴中的逻辑、必然、类别、绝对事物和内容，我唯一能够想到的为任何事情都会出现的真实的理由是有人希望它们出现在这里。它是一种需求，是一种无论是纷繁世界中的多么微小的尘埃，都能获得解脱的需求。这就是存在的理由。与之相比，物质原因和逻辑必要都是虚幻的。

总而言之，唯一完全理性的世界将会是“愿望帽”的世界、心灵感应的世界，在这个世界里，每一种欲望都是立刻得到满足的，而不必考虑或安抚周围或之中的力量。这是绝对的自己的世界。它呼吁现象世界成为现实就像它一样，也正如它所呼吁的那样，这个世界中不需要其他条件。在我们的世界里，个人的愿望是唯一的条件。其他人有其他的愿望，而他们必须首先被抚慰。因此，人在这个各种各样的世界里抵抗成长，并且经历了种种妥协，只能逐渐组织成可称为次理性状态的东西。我们只在生活的几个部分中接近“愿望帽”类的组织。我们想要水就打开水龙头；我们想要一张柯达照片就按下快门；我们想要信息就打电话；我们想去旅行就买票。在这些情况以及类似的情况下，我们除了许愿几乎不需要做更多的事情——这个世界会理性的组织起来去做剩下的事情。

但是这种合理性的讨论是一个题外话。我们正在讨论的是一个世界的发展不是整体性的，而是通过多个部分的贡献，碎片式发展的这个观点。认真对待这个假设并将其作为一个有用的假设。假设世界的创作者在创作之前就向你陈述了这样一个事实，他说：“我要创造一个不能被拯救的世界，一个完美必须有附加条件的世界，这些条件是每个代理人都有自己擅长的方面。我给你提供参与这样的世界的机会，你看到的安全是没有保证的。这是一次真正的冒险，有真正的危险，但它可能会获胜。它是一个真诚地合作的社会计划。你会加入其中吗？你会相信自己，并相信其他代理人足以面对风险吗？”

如果要你提出一个参与到这个世界中的提议，你是否会因为不够安全而非常严肃地拒绝它？你会不会说你更愿意再次陷入被恶魔的声音唤醒之前的那种漠不关心的麻木状态中，而不愿意成为如此根本的多元化和非理性的宇宙中的一部分呢？

当然，如果你是正常人，那么你就不会做这样的事情。我们大多数人都具有与宇宙完全适合的健全的思维能力。因此，我们会接受这个提议，并表示“棒极了！一言便定！”它就像我们实际生活的世界一样；并忠于照顾我们的自然，它会禁止我们拒绝这个提议。提议中的世界对我们来说似乎是“最理性的”，而且是最活跃的。

因此我说，大多数人会欢迎这一提议，并将我们的法令加入上帝的命令中。然而，也许有些人不会，因为每个人的收藏中都有病态的思想，而对他们来说，只有一个获得安全的战斗机会的宇宙前景可能是没有吸引力的。当我们厌倦了自我，厌倦了徒劳的奋斗的时候，我们所有人都会感到沮丧。我们自己的生活就崩溃了。我们陷入了“改邪归正”的态度旋涡。我们不相信事情的可能性。我们希望有一个可以放弃的宇宙，落在我们父亲的脖子上，像一滴融入河流或海洋的水一样被吸收到绝对的生命中。

和平与安宁，在这样的时刻所渴望的安全感，就是针对如此多的有限经验构成的令人费解的命运安全的保障。涅槃意味着安全来自这个感官组成的世界的永恒轮回的冒险。印度教徒和佛教徒常怀敬畏，敬畏更多的经验，敬畏生命，因为这是他们基本的态度。

对于这样的人来说，宗教一元论带来了一些安慰的话："一切都是必要的，也是必不可少的，甚至你病态的灵魂和内心，所有人都与上帝同在，而与上帝同在就一切安好。无休止的战争在这之下，在无论你看起来是失败还是成功的有限外表的世界中。"毫无疑问，当人们沦为他们最后的极端病态时，绝对主义是唯一的救赎计划。多元论的道德主义简直让他们喋喋不休，且冰冻了他们胸中的那颗最初的心。

所以，我们能够具体地看到两种宗教形成了鲜明的对比。用我们之前的比较术语来说，我们可以说绝对主义的方案吸引灵活的思想，而多元化的方案吸引刻板的思想。许多人会完全拒绝称其为多元化宗教方案。他们称为道德主义，并将宗教一词单独应用于一元论。甘心屈从意义上的宗教和自我满足意义上的道德主义在人类思想史上经常被认为是不相容的。

我们现在站在哲学的最后一个问题之前。我在第四讲中说过，我相信一元论、多元论的选择是我们思想可以构建的最深刻和最意味深长的问题。相互分离难道是最后的结果吗？只取其中一面会是真的吗？多元论和一元论真的不相容吗？所以，这个世界是否真的是由多元化构成的，这个世界是否真的存在分配，并且由许多个体组成。如果真是如此的话，那么它就只能被碎片化地救赎，并且是它们行为结果的事实，而且它史诗般的历史不会被一些必要的统一性缩短，其中的广泛性已经被提前“占据”了，而且被永久地“克服”呢？如果是这样，我们应该选择其中一种哲学或另一种哲学。我们无法对两种选择都说“是”。我们与可能的关系之间必须存在一个“不是”。我们应该承认最终的失望：我们不能在一个不可分割的行为中同时保持健康的思想和病态的思想。

当然，作为人类，我们可以在某一天是健康的思想，在第二天成为病态的灵魂；作为哲学的业余爱好者，我们可能会被允许称自己为一元的多元主义者，或者自由意志决定论者，或者任何可能发生在我们身上的和解类型。但作为目标清晰、一致的哲学家，我们感受到了用真理来解释真相的实用主义需求，这个问题迫使我们坦率地采用灵活的思想或刻板的思想。特别是这个质疑总是回到我身上：灵活的思想的主张会不会走得太远？已经被拯救的世界的概念无论如何都不会太做作，以至于站不住脚吧？宗教乐观主义会不会太田园诗风格了？一切都必须要被拯救吗？救赎的工作不用付出代价吗？最后一个字是亲切的吗？宇宙中的所有都是“是”吗？“不是”的事实不在生活的核心之中吗？我们归因于生活的“严肃”是不是就意味着否认和损失不可避免地构成了生活的一部分，在某个地方有真正的牺牲，某些事情永远都是激烈的，而苦涩总是留在杯底呢？

我不能作为一个正式的实用主义者在此发表言论。我能说的只是我自己的实用主义在我选择更加道德的观点，并且放弃全面和解的主张时并没有反对我的做法。这种可能性包含在将多元主义视为一个严肃假设的实用主义意愿之中。最终，是我们的信仰而非逻辑决定了这个问题，而且我否认任何虚伪的逻辑禁止我自己的信仰的权利。我发现自己愿意把宇宙当成真正的危险和冒险，不会因此而退缩并哭喊着“不玩了”。我愿意认为，“改邪归正”的态度并不是对待完整生命的正确的和最终的态度，对我们来说这是多方面的变化。我赞成应该有真正的损失和真正的失败者，而不是完全保留所有的一切。我相信理想是一个终点，不是一个起源，是一个摘要，也不是一个整体。就如杯子摔碎后，永远留下的只有碎片，但摔碎的那个东西的可能性足以亲切地让人接受了。

事实上，无数人的想象力都存在于这种道德主义和史诗般的宇宙之中，并且发现了其传播性和一致性的成就充分满足了他们的合理需求。在希腊文选集中有一个精心翻译的警句，令人赞叹地表达了这种心态，这种接受将损失作为解脱，即使损失的元素可能是自己的自我：

> 一个经历船难的水手，埋葬在这片海岸上，
> 邀你扬帆起航。
> 激情洋溢的言辞，当我们迷航时，
> 如风飘去。

那些对“你们愿意为了上帝的荣耀而被诅咒吗？”这个问题回答了“是”的清教徒，其思想处于这种客观和宽宏大量的状态之中。在这个系统中摆脱邪恶的方式并非扬弃或保护整体中的必要元素，而是“克服”。通过完全放弃它、抛弃它、超越它，来帮助创造一个忘记它的所在的地点和它的名称的宇宙。那么，它

完全有可能真诚地接受一种激烈的宇宙，其中“严肃”的元素没有被驱逐。对我来说，这样做的人就是一个真正的实用主义者。他愿意生活在他相信的未经证明的可能性方案之中。如果需要的话，为了实现他所构想的理想他愿意付出自己。

在这样一个宇宙中，他信任并与其合作的其他力量实际上是什么呢？他们至少是他的同胞，处于我们的现实世界所达到的阶段。但是那里有没有超人的力量，比如我们一直在考虑的多元类型的宗教人士一直相信的那些力量？当他们说“除上帝之外没有上帝”时，他们的话可能听起来是一元论的；但是人类最初的多神论只是不完美地、含糊地升华为一神论，只要它是宗教的而且不是课堂中介绍的形而上学方案，一神论本身总是将上帝视为唯一的救世主——他是在伟大世界的命运塑造者中间居首的人。

我担心，我以前的讲座只限于人类和人文的方面，可能给许多人留下了实用主义意味着逐步排除超人类能力的印象。我确实只对绝对主义表现出了很有限的尊敬，直到现在我还没有提到除此以外其他超人类的假设。但我相信，你足够清楚地看到，绝对主义与有神论的上帝唯一的共同点是超人性的。按照实用主义的原则，如果上帝的假设在最广义的意义上发挥出令人满意的效用，那么它就是真实的。现在，无论残留的困难是什么，经验表明它确实有效，问题在于建立它并确定它，以便它能以令人满意的方式与所有其他有效的真理相结合。我不能在这最后一次讲座中再开始讲述整个宗教体系，但是当我告诉你们我已经写了一本关于人们的宗教经验的书籍，这些书籍总体上被认为是为上帝的现实而作的时，你或许可以从无神论体系中豁免我自己的实用主义。我自己坚决地对我们人类的经验是宇宙中现存经验的最高形式持怀疑态度。我更愿意相信，我们和整个宇宙的关系与猫、狗等宠物与整个人类生活的关系是同样的。它们居住在我们的客厅和书房中。它们参与了那些毫无意义的场景。它们仅仅与历史曲线的起点和终点以及所有越过范围的形式相切。所以我们是更广泛事物的生命切线。但是，正如许多狗和猫的理想与我们的理想一致，而且狗和猫每天都有鲜活的证据证明事实一样，根据宗教经验所提供的证据，我们可以相信与我们自己的理想轨迹相近的更高级的力量存在，并且正在努力地拯救世界。

如果你允许宗教可以是多元化的或仅仅在类型上是向善的，那么你会看到实用主义也可以被称作宗教。但是，不管你最终是否忍受了这种类型的宗教，只有你自己才能做出决定。实用主义必须延缓教条式的回答，因为我们还不确定哪种类型的宗教在长远来说是最好的。事实上，各种对人的过度信仰和他们的几种信仰，是获得证据所需要的。你们可能会有自己各自的尝试。如果过于刻板，那么性质的感觉事实的骚动对你来说就足够了，你根本就不需要任何宗教信仰。如果你足够灵活，你就会采取更加一元化的宗教形式，而多元化的形式，和它对非必要的可能性的依赖似乎无法为你提供足够的安全。

但是，如果在极端和激进的意义上，你既不刻板也不灵活，而是像我们大多数人一样是两者的混合体，那么对你来说似乎我所提供的多元化和道德宗教的类型就与你想要找的宗教混合体一样好。你可能会在自然主义和超自然绝对主义两种极端之间发现我自由地称为实用主义或向善类型的一神论，而这可能正是你所需要的。

全文终

詹姆斯年表
（1842—1910）

1842年 1月11日出生于美国纽约一个富豪之家。

1860年 在18岁时，曾一度决心成为一名画家，在波士顿学画一年。

1861年 转入哈佛大学劳伦斯理学院，学习化学和解剖学。

1864年 转入哈佛医学院改学医学。

1865年 随动物学家阿加西斯（进化论的反对者）赴巴西亚马孙河流域作动物学调查。在旅途中，他曾尝试过以生物学作为自己的终身事业，但发现自己不能忍受这个领域所要求的正确而有秩序的资料收集、归类工作。于是他又恢复了医学的学习。

1867年 赴德国，在赫尔姆霍茨、冯特、微尔和的指导下学习医学、生理学、心理学。

1868年 11月返回美国。

1869年 在哈佛大学获得医学博士学位。

1871—1874年 参加“形而上学俱乐部”，和自然科学家、哲学心理学家赖特，律师霍尔姆斯，法官瓦涅尔，法学家格林，历史学家费斯克，新教牧师阿伯特，数学家、哲学家皮尔斯等人经常每两周聚会讨论。

1872年 接受哈佛大学生理学讲师职位。在哈佛大学开设生理学和解剖学课程。由于研究神经系统生理学及其他与心理学有关的生理学问题，詹姆斯开始转向对心理学问题的研究。

1875—1876年 詹姆斯开设了他的第一门心理学课程，即《生理学和心理学的关系》，这是第一个美国人开设的新心理学课程。建立了供其教学示范用的心理学实验室。

1878年 和A.H.吉本斯结婚。同年，与亨利·霍尔特公司出版社签订合同，着手编写《心理学原理》（*Principles of Psychology*, 1890）。

1880年 夏季赴欧洲，8月去法国阿维尼翁见雷诺维也。之后，雷把詹姆斯的许多文章译载于自己主编的《哲学评论》上。回国后，詹姆斯任哲学副教授。11月，《伟大人物、伟大思想和他们的环境》发表于《大西洋》杂志上。

1881年 发表题为“信仰的意志”的演讲。

1882—1883年 访问欧洲各大学、学术团体，在英国结识了“英国心灵研究会”主席西特维克，“亚里士多德学会”（1880年创立）的海登、司梯芬，还有后来创办《精神》杂志的罗伯逊，在布拉格结识马赫。

1884年 发起组织“美国心理研究协会”，在《心灵》杂志上发表关于情绪的学说。

1885年 开始任哲学教授，著有《反射动作和有神论》，与丹麦生理学家C.朗格发表的《论情绪的动荡》观点相似，后因此说得名为“詹姆斯—朗格情绪说”。

1889年 8月，去巴黎出席国际生理心理学会议。回国后又改任心理学教授，至1897年。

1890年 著作《心理学原理》出版。出版一个世纪以来，“它的力量尚未消减，它的识见也尚未落伍”。

1892年 将《心理学原理》改为《心理学简编》出版，成为当时美国大学采用最广的心理学教本。冬季，代表哈佛大学赴巴杜亚参加伽利略获得巴杜亚大学教授头衔三百周年纪念活动。

1894年 首次当选美国心理学会主席。

1896年 赴慕尼黑参加国际心理学会议。

1897年 重任哲学教授，直至1907年退休。出版《信仰的意志和其他通俗哲学论文》。

1898年 前往加利福尼亚大学讲哲学，系统地阐述了实用主义理论。出版《人的不朽：对于这学说的两种可能的诘难》。

1899年 出版《对教师讲心理学和对学生讲生活理想》。

1900年 5月开始在英国爱丁堡大学基福自然宗教讲座，主讲内容为1902年出版的《宗教经验种种》。

1904年 在《哲学杂志》《哲学、心理学和科学方法》上发表关于彻底经验主义论文：《意识存在吗》《东西及其关系》《活动的经验》等。再次当选为美国心理学会主席。

1905年 参加在罗马召开的第五届国际心理学会议，提出论文《意识的概念》。结识巴比巴、瓦拉缇、卡尔德罗尼、阿门达等意大利实用主义者。《心理学原理》意大利文版出版。

1906年 在加利福尼亚斯坦福大学讲学半学期，内容是詹姆斯去世后出版的《哲学的若干问题》；11—12月，在罗威尔研究所讲通俗哲学，内容为后来发表的《实用主义》。当选为国家科学院院士。

1907年 辞去哈佛大学职务，悉心研究哲学。5月《实用主义》出版。

1908年 《哲学和心理学论文集》出版。《实用主义》德文版出版。

1909年 出版《真理的意义》。2月在《国际和解》杂志上发表《战争的道德等效物》。

1910年 在《赫尔柏》杂志上发表《多元论的神秘观》。8月26日病逝于美国新罕布什尔，终年68岁。

1911年 《回忆和研究》《哲学的若干问题》出版。《实用主义》法文版出版。

1912年 《彻底经验主义论文集》出版，主张宇宙的本源是“纯粹经验”。